LATINÍSIMO HÁZI ÉTELEK LATIN-AMERIKÁBÓL

Fedezze fel a 100 latin étel elkészítésének titkait a saját konyhájában

Linda Jakab

Copyright Anyag ©2023

Minden jog fenntartva

A kiadó és a szerzői jog tulajdonosának megfelelő írásos beleegyezése nélkül ennek a könyvnek egyetlen része sem használható fel vagy továbbítható semmilyen formában vagy módon, kivéve az ismertetőben használt rövid idézeteket. Ez a könyv nem helyettesítheti az orvosi, jogi vagy egyéb szakmai tanácsokat.

TARTALOMJEGYZÉK _

TARTALOMJEGYZÉK _ 3

BEVEZETÉS 7

REGGELI 8

1. Sangrecita 9
2. Latin-amerikai stílusú hármas szendvicsek 11
3. Piros Chilaquiles tükörtojással 13
4. Paradicsom és tükörtojás reggeli pirítóssal 16
5. Csokoládé rizs zabkása 18
6. Reggeli halpogácsa 20
7. Kubai pirítós a kávé tejjel-vel 22

NAGYON 24

8. Kenyér Chicharrónnal 25
9. Rántott útifű 27
10. Fehér hal Ceviche 29
11. Fűszeres pácolt Ceviche 31
12. Latin-amerikai stílusú Tamales 33
13. Fekete Kagyló Ceviche 35
14. Töltött burgonya 37
15. Sajtrudak mártással 40
16. Yuca Fries 42
17. Latin-amerikai stílusú Ceviche 44
18. Huancayo stílusú burgonya 46
19. Töltött avokádó 48
20. Töltött szardínia 50
21. Brazil stílusú fűszeres garnélarák 52

KÖRET **54**

22. Pozole 55
23. Grillezett fügekaktusz 57
24. Tele széles chilivel 59
25. Latin-amerikai stílusú bab 61

HÁLÓZAT **63**

26. Galíciai leves 64
27. Sertéshús és bab 66
28. R vörös bab és rizs 68
29. R jég galambborsóval 70
30. S tenger gyümölcsei asopado 72
31. Házi vegán chorizo 74
32. Torta Ahogada 77
33. Árva rizs 79
34. Cserepes bab 81
35. Charro vagy részeg bab 83
36. Sült bab 85
37. Santa Maria stílusú bab 87

TACOK **89**

38. Rajas és Crema Tacos 90
39. Édesburgonya és sárgarépa Tinga Tacos 92
40. Burgonya és Chorizo Taco 94
41. Nyári Calabacity Tacos 96
42. Fűszeres cukkini és feketebab taco 98
43. Bivaly stílusú marhahús taco 100
44. Marhahús taco pakolások 102
45. Hús stílusú grillezett marhahús taco 104
46. Apró taco marhahús torták 106
47. Egy fazék sajtos taco serpenyőben 108
48. Szoknyasteadélutánk utcai taco 110

LEVESEK ÉS SALÁTÁK 112

49. SOPA TARASCA 113
50. FEKETE BABLEVES 116
51. TLAPAN STÍLUSÚ LEVES 118
52. PUEBLA LEVES 120
53. KRUMPLISALÁTA 122
54. TEQUILA KÉSZÍTŐ SALÁTA 125
55. KÁPOSZTA SALÁTA 127

TOSTADAS 129

56. GRILLEZETT CSIRKE TOSTADAS 130
57. CALIFORNIA TÖRÖKORSZÁG TOSTADAS 132
58. MARHA ÉS BAB TOSTADA PIZZA 134
59. DISZNÓLÁB TOSTADAS 137
60. CHORIZO, BURGONYA ÉS SÁRGARÉPA TOSTADAS 139
61. SERTÉS PICADILLO TOSTADAS 141

DESSZERT 143

62. SAJTOS FLAN 144
63. GÖRÖGDINNYE REFLEX LÖVÉS 146
64. CARLOTA DE LIMON 148
65. MANGÓ ÉS CHAMOY SLUSHIE 150
66. CSOKOLÁDÉ HAB 152
67. BANÁN ÉS MANDARIN VANÍLIA SZÓSSZAL 154
68. SORBETE DE JAMAICA 156
69. GRILLEZETT MANGÓ 158
70. GYORS GYÜMÖLCSPUDING 160
71. GRILLEZETT BANÁN KÓKUSZSZÓSZBAN 162
72. MANGÓ SZORBET 164
73. LATIN FLAN 166
74. PÁROLT KUKORICA SÜTEMÉNYEK 168
75. RIZS PUDING 171

76. LILA KUKORICAPUDING ... 173

77. QUINOA PUDING ... 176

78. BRAZIL TŐKEHAL SÜTEMÉNYEK ... 178

FŰSZEREK ... 180

79. KORIANDER SZÓSZ ... 181

80. EGY DOBO POR ... 183

81. NÖVÉNYI MÁRTOGATÓS ... 185

82. VALLARTA MÁRTOGATÓS ... 187

83. ZÖLD KEVERGETVE SÜTJÜK ... 189

84. TACO FŰSZEREZÉS ... 191

85. GYÓGYNÖVÉNYES PARADICSOMOS-KUKORICA SZÓSZ ... 193

86. FEHÉR BAB GUACAMOLE ... 195

ITALOK ... 197

87. CACTUS SMOOTHIE ... 198

88. ÉDES VIZEK ... 200

89. LATIN-AMERIKAI STÍLUSÚ MOJITO ... 202

90. HORCHATA A SÁRGADINNYE ... 204

91. SANGRITA ... 206

92. KÓKUSZOS TOJÁSLIKŐR ... 208

93. LATIN-AMERIKAI STÍLUSÚ TOJÁSLIKŐR ... 210

94. FERMENTÁLT KUKORICA SÖR ... 212

95. LILA KUKORICA ITAL ... 215

96. MARACUJASOUR ... 217

97. COCA TEADÉLUTÁN ... 219

98. LATIN-AMERIKAI STÍLUSÚ RUMOS CAPPUCCINO ... 221

99. PISCO PUNCS ... 223

100. CAMU GYÜMÖLCS KOKTÉL ... 225

KÖVETKEZTETÉS ... 227

BEVEZETÉS

Üdvözöljük a "Latinísimo: Otthoni ételek Latin-Amerikából"! Ez a szakácskönyv nem csak a receptekről szól; ez egy utazás a latin-amerikai konyhák szívébe, a hagyományok, a család és az otthont meghatározó gazdag ízek ünnepe.

Ezeken az oldalakon 100 autentikus latin ételt fedezünk fel, amelyek nem csupán főzési utasításokat kínálnak. A Latinísimo nyílt felhívást intézett a latin-amerikai kulináris örökség sokszínűségének és lendületének befogadására – ez a kárpit nemzedékek régi hagyományainak szálaiból szőtt.

Képzeld el, hogy nyüzsgő piacokra szállítanak, nagymamád konyhájába és nyüzsgő összejövetelekre, ahol az étel kulturális ünnep. Mindegyik recept a változatos kulináris hagyományok előtt tiszteleg, a trópusi karibi térségtől a kiadós dél-amerikai ételekig.

Akár tapasztalt szakács, akár újonc a konyhában, a Latinísimo meghívja Önt, hogy merüljön el az aromákban, textúrákban és ízekben, amelyek a latin-amerikai házias ételeket igazi élvezetté varázsolják. Ez egy olyan felfedezés, amely túlmutat a szájpadláson, megérinti az asztal körül összegyűltek szívét és lelkét.

Kezdődjön az utazás, amikor belépünk Latin-Amerika konyhájába – egy olyan birodalomba, ahol a vendégszeretet és a gazdag ízek határokon átívelő szimfóniát hoznak létre. A Latinísimo az útlevél a latin-amerikai otthonok szívébe, ahol minden étel történetet mesél el, és minden étkezés a szeretet kifejezése. Élvezd! Minden egyes falat emlékeztesse Önt a konyháját díszítő kulináris örökségre, és ünnepelje a szeretetet, amely minden latin ételbe beleszőtt. ¡Buen provecho!

REGGELI

1.Sangrecita

ÖSSZETEVŐK:

- 500 gramm csirkevér
- 40 ml teljes zsírtartalmú tejszín
- 3 evőkanál olívaolaj vagy marhahús csepegtető.
- 2 közepes apróra vágott hagyma
- 1 fej apróra vágott fokhagyma
- 1 kis csípős paprika
- Oregano
- Apróra vágott borsmenta és koriander
- Só

UTASÍTÁS:

a) Tedd a csirkevért a hűtőbe, hogy kihűljön.
b) A fokhagymát, a hagymát és a borsot az olívaolajon 10 percig pirítjuk.
c) Adjuk hozzá az apróra vágott fűszernövényeket, sózzuk.
d) Távolítsuk el a vért, vágjuk apró kockákra, és adjuk hozzá a keverékhez.
e) Jól keverjük össze.
f) Adjunk hozzá még egy kevés olajat és sót ízlés szerint.

2. Latin-amerikai stílusú hármas szendvicsek

ÖSSZETEVŐK:

- 4 tojás
- ¼ csésze majonéz
- 8 szelet fehér szendvicskenyér, kéreg eltávolítása
- 1 nagy érett avokádó
- 1 db szőlőben érett paradicsom szeletelve
- ½ teáskanál só és bors, elosztva

UTASÍTÁS:

a) Helyezze a tojásokat egy rétegben egy serpenyőbe. Fedje le 2,5 cm-re hideg vízzel.

b) Tegye a serpenyőt magas lángra, és forralja fel a vizet.

c) Helyezzen szorosan záródó fedőt a serpenyőre, és vegye le a tűzről. Hagyjuk állni 6 percig.

d) Engedje le a vizet, és helyezze a tojásokat hideg folyóvíz alá 1 percre, vagy amíg kellően lehűl a kezeléshez. Hámozzon meg és szeleteljen fel minden tojást.

e) Minden szelet kenyér egyik oldalát vékonyan megkenjük majonézzel.

f) Osszuk el egyenletesen az avokádót 2 szelet kenyérre; kevés sóval és borssal ízesítjük. Az avokádó tetejére egy szelet kenyér kerül, majonézes oldalával felfelé.

g) A paradicsomot egyenletesen elosztjuk a 2 szelet kenyéren; kevés sóval és borssal ízesítjük.

h) Top paradicsom egy harmadik darab kenyérrel; majonéz oldala felfelé. A szeletelt tojást egyenletesen elosztjuk a 2 szelet kenyéren; a maradék sóval és borssal ízesítjük.

i) A tetejére az utolsó darab kenyér; majonéz oldalával lefelé.

j) Vágja félbe mindegyik szendvicset, hogy 4 rész legyen.

3.Piros Chilaquiles tükörtojással

ÖSSZETEVŐK:
SZÓZSHOZ:
- Egy 12 uncia konzerv hámozott paradicsom és ½ csésze a hozzá tartozó levek
- 1 jalapeño, magvakkal, durvára vágva
- 1 kis fehér hagyma, felkockázva
- 2 chipotle paprika adobo szószban
- 4 gerezd fokhagyma
- ¼ csésze durvára vágott friss koriander
- 2 evőkanál növényi olaj
- 1 evőkanál agave nektár
- Egy csipet só

ÖSSZESZERELÉSRE:
- Növényi olaj sütéshez
- Kukorica tortilla, vágva vagy háromszögekre tépve
- Só, bors
- Reszelt Monterey Jack sajt
- Cotija sajt
- Tojás
- Friss koriander

UTASÍTÁS:

a) Kezdje azzal, hogy a szósz összes összetevőjét, az olaj, az agavé és a só kivételével, egy turmixgépbe helyezi, és addig turmixolja, amíg sima állagot nem kap. Melegítsük fel a növényi olajat egy nagy serpenyőben közepes lángon, majd adjuk hozzá a mártást, és keverjük addig, amíg besűrűsödik.

b) Hozzákeverjük az agávét és a sót. Itt szembesülhet a kezdeti kihívással, amely az, hogy ellenálljon annak a kísértésnek, hogy az egész szószt elfogyassza, vagy egy zacskó Tostitossal közvetlenül a serpenyőből nyelje el. Gyakorolj visszafogottságot.

ÖSSZESZERELNI

c) Melegítsük elő a brojlert, és kezdjük el sütni a tortillákat. Egy serpenyőben hevíts fel körülbelül ¼ hüvelyk olajat, és adagonként süsd meg a tortilla háromszögeket, félidőben megfordítva, amíg kissé ropogós nem lesz, bár nem teljesen ropogós.

d) A megsült tortillákat papírtörlőn lecsepegtetjük, enyhén megsózzuk. Ez a következő kihívás: a kísértés, hogy az összes szószt elfogyassza ezekkel a majdnem chipsekkel. Azonban ellen kell állnia.

e) A választott edénybe (nagyobb összejövetelhez használjon rakott edényt vagy öntöttvas serpenyőt, kisebb csoportok számára piteformát vagy serpenyőt) helyezzen el egy réteg tortillát, menet közben fedje be őket. Öntsük rájuk a szószt a kívánt szószosságig (általában több a jobb), majd bőségesen fedje be mindkét sajttal. Elfogadható, hogy ez kissé levesesnek tűnik; sőt, kellene. Forraljuk a keveréket, amíg a sajt elolvad. Ebben a szakaszban ne próbáljon villát használni.

f) Egy kis serpenyőben süsd meg könnyeden a tojásokat, ügyelve arra, hogy a sárgája nyersen maradjon, mert tudod, mi következik.

g) Egyedi tálakba kanalazzuk a szaftos tortillafőzet adagjait, adjunk hozzá egy-két tojást és egy kis friss koriandert, és ízesítsük sóval és borssal.

4. Paradicsom és tükörtojás reggeli pirítóssal

ÖSSZETEVŐK:
- 4 vastag szelet vidéki kenyér
- Olivaolaj
- 1 nagy gerezd fokhagyma, meghámozva
- 1 nagy érett paradicsom félbevágva
- 4 nagy tojás
- Só, bors

UTASÍTÁS:

a) Kenje meg a vastag kenyérszeletek mindkét oldalát egy csipetnyi olívaolajjal, és süsse a sütőben vagy a kenyérpirító sütőben körülbelül 375°F-on, amíg aranybarnák és ropogós nem lesznek.

b) Ha elkészültek a pirítósok, vegyük ki a sütőből, és bőségesen bedörzsöljük a meghámozott fokhagymagerezddel, majd a paradicsom vágott oldalával.

c) Dörzsölés közben ügyeljen arra, hogy a paradicsom lédús belsejét rányomja a pirítósra. Egy csipet sóval és borssal szórjuk meg a pirítósokat.

d) Egy nagy serpenyőbe vagy serpenyőbe öntsünk vékony réteg olívaolajat, és melegítsük közepesen magas lángon.

e) A tojásokat felütjük a serpenyőbe, ízesítjük sóval, borssal, majd lefedjük a serpenyőt és addig főzzük, amíg a tojásfehérje megdermed, miközben a sárgája folyós marad. Tegyünk egy tükörtojást a pirítós tetejére, és tálaljuk.

f) Élvezze a finom reggelit!

5.Csokoládé rizs zabkása

ÖSSZETEVŐK:
- 1 csésze nyálkás rizs
- 4 csésze víz
- ½ csésze kakaópor
- ½ csésze cukor (ízlés szerint)
- ½ csésze párolt tej
- Csipet só
- Kókuszreszelék vagy sűrített tej a díszítéshez

UTASÍTÁS:
a) Egy lábosban keverje össze a nyálkás rizst és a vizet. Forraljuk fel, és addig főzzük, amíg a rizs meg nem fő, és a keverék besűrűsödik.
b) Egy külön tálban keverjük össze a kakaóport, a cukrot, az elpárologtatott tejet és a csipet sót, hogy csokoládémártást kapjunk.
c) Keverjük össze a csokoládészószt a főtt rizzsel és jól keverjük össze.
d) Forrón, kókuszreszelékkel vagy sűrített tejjel díszítve tálaljuk.

6.Reggeli halpogácsa

ÖSSZETEVŐK:
- 400 g (14 oz) lisztes, főtt burgonya, főtt
- 300 g (11 uncia) tőkehalfilé
- 225 ml (8fl oz) teljes zsírtartalmú tej
- 1 reszelt csík citromhéj
- 1 babérlevél
- 40 g (1½ uncia) vaj
- 2 tk olívaolaj
- 1 kis hagyma, apróra vágva
- egy marék petrezselymet
- 1 tk friss citromlé
- 25 g (1 uncia) sima liszt
- 1 nagy tojás, felvert
- 100 g (4 uncia) friss fehér zsemlemorzsa

UTASÍTÁS:
a) Tegye egy serpenyőbe a halat, a tejet, a citromhéjat, a babérlevelet és egy kis fekete borsot. Fedjük le, forraljuk fel, és pároljuk 4 percig, vagy amíg a hal éppen meg nem fő.

b) Olvassz fel 15 g (½ uncia) vajat egy közepes méretű serpenyőben, adj hozzá 1 teáskanál olívaolajat és a hagymát, és főzd 6-7 percig, amíg puha és áttetsző nem lesz, de nem barna. Adjuk hozzá a burgonyapürét, és hagyjuk átmelegedni; majd hozzáadjuk a halat, a petrezselymet, a citromlevet és a 2 evőkanál buggyantott tejet, és jól összekeverjük.

c) A tojást egy sekély edénybe, a zsemlemorzsát egy másikba tesszük. Enyhén nedves kézzel formázzunk a lisztes keverékből nyolc, körülbelül 1 cm vastag halpogácsát. Mártsuk őket a felvert tojásba, majd a zsemlemorzsába, tegyük egy tepsibe, és tegyük 1 órára (vagy még jobb egy éjszakára) a hűtőbe.

d) A maradék vajat és az utolsó teáskanál olajat egy tapadásmentes serpenyőben felhevítjük, amíg a vaj el nem olvad, hozzáadjuk a halpogácsákat, majd óvatosan kb. 5 perc alatt mindkét oldalukat aranybarnára sütjük.

7.Kubai pirítós a Kávé tejjel-vel

ÖSSZETEVŐK:
- Kubai kenyér vagy francia kenyér
- Vaj
- Cukor
- Erős kubai kávé
- Tej

UTASÍTÁS:
a) Szeletelje fel a kubai vagy francia kenyeret kívánt vastagságúra.
b) A szeleteket aranybarnára pirítjuk.
c) Amíg a pirítós még meleg, minden szeletet kenjünk meg bő vajjal.
d) A vajas pirítóst szórjuk meg cukorral, hagyjuk kissé felolvadni.
e) Főzzön egy csésze erős kubai kávét.
f) Melegíts fel azonos mennyiségű tejet, amíg gőzölög, de nem forr.
g) Keverje össze a kávét és a tejet, hogy létrehozzon egy Kávé tejjel-t.
h) Mártsa be az édesített pirítóst a Kávé tejjel-be, és élvezze az ízek finom kombinációját.

NAGYON

8.Kenyér Chicharrónnal

ÖSSZETEVŐK:

- 4 kis zsemle (például ciabatta vagy francia zsemle)
- 1 kiló sertéslapocka, vékony szeletekre vágva
- 2 gerezd fokhagyma, felaprítva
- 1 teáskanál kömény
- ½ teáskanál paprika
- Só és bors ízlés szerint
- Szeletelt édesburgonya
- Szósz criolla (hagyma, lime leve és chili paprika) öntethez

UTASÍTÁS:

a) Egy tálban pácoljuk be a sertésszeleteket fokhagymával, köménnyel, paprikával, sóval és borssal. Hagyja pácolódni legalább 30 percig.

b) Egy serpenyőben olajat hevítünk, és a pácolt sertéshúst ropogósra és átsütjük.

c) Vágja ketté a zsemlét, és rétegezze rá a főtt sertéshúst, a szeletelt édesburgonyát és a szósz criollát.

d) A tekercseket lezárjuk és forrón tálaljuk.

9.Rántott útifű

ÖSSZETEVŐK:
- 2 zöld útifű
- Növényi olaj sütéshez
- Só ízlés szerint

UTASÍTÁS:
a) Kezdje a zöld útifű meghámozásával. Ehhez vágja le az útifű végeit, és hosszában vágjon be a bőrön. Távolítsa el a bőrt úgy, hogy lehúzza az útifűről.

b) Vágja az útifűszereket vastag, körülbelül 2,5 cm vastag szeletekre.

c) Melegítsünk növényi olajat egy mély serpenyőben vagy serpenyőben közepes lángon. Győződjön meg arról, hogy elegendő olaj van ahhoz, hogy teljesen elmerítse az útifű szeleteket.

d) Óvatosan adjuk hozzá az útifű szeleteket a forró olajhoz, és süssük mindkét oldalukat körülbelül 3-4 percig, vagy amíg aranybarnák nem lesznek.

e) A megsült útifű szeleteket kivesszük az olajból, és papírtörlővel bélelt tányérra tesszük, hogy a felesleges olaj lecsepegtesse.

f) Vegyünk minden sült útifű szeletet, és lapítsuk el egy pohár aljával vagy egy kifejezetten lapításra tervezett konyhai eszközzel.

g) Az ellapított útifű szeleteket visszatesszük a forró olajba, és mindkét oldalukon további 2-3 percig sütjük, amíg ropogós és aranybarna nem lesz.

h) Miután a kívánt ropogósságig megsült, vegye ki a Patacones/Fried Plantaint az olajból, és helyezze papírtörlővel bélelt tányérra, hogy a felesleges olajat lecsepegtesse.

i) A patacones/sült útifűféléket ízlés szerint megszórjuk sóval, amíg még forrók.

j) Tálalja a Patacones/Fried Plantain-t köretként, vagy feltét vagy töltelék, például guacamole, szósz vagy aprított hús alapjaként.

10. Fehér hal Ceviche

ÖSSZETEVŐK:

- 1 kiló friss fehér halfilé (például lepényhal vagy csattanó), falatnyi darabokra vágva
- 1 csésze friss limelé
- 1 kis vöröshagyma, vékonyra szeletelve
- 1-2 friss rocoto vagy habanero paprika kimagozva és apróra vágva
- ½ csésze apróra vágott friss koriander
- ¼ csésze apróra vágott friss mentalevél
- 2 gerezd fokhagyma, felaprítva
- Só ízlés szerint
- Frissen őrölt fekete bors, ízlés szerint
- 1 édesburgonya, megfőzve és felszeletelve
- 1 kalász kukorica, megfőzve és a szemeket eltávolítva
- Saláta levelek, tálaláshoz

UTASÍTÁS:

a) Egy nem reaktív tálban keverje össze a haldarabokat a lime levével, ügyelve arra, hogy a hal teljesen ellepje.

b) 20-30 percig hűtőben pácoljuk, amíg a hal átlátszatlanná válik.

c) A halról leöntjük a lime levét, és kiöntjük a levét.

d) Egy külön tálban keverje össze a pácolt halat lilahagymával, rocoto- vagy habaneropaprikával, korianderrel, mentával és fokhagymával. Óvatosan összeforgatjuk.

e) Ízlés szerint sóval és frissen őrölt fekete borssal ízesítjük. Állítsa be a rocoto vagy habanero paprika mennyiségét a kívánt fűszerességi szintnek megfelelően.

f) Hagyja pácolódni a ceviche-t a hűtőszekrényben további 10-15 percig, hogy az ízek összeérjenek.

g) A ceviche-t lehűtve, salátalevél ágyon tálaljuk, főtt édesburgonya szeletekkel és kukoricaszemekkel díszítve.

11.Fűszeres pácolt Ceviche

ÖSSZETEVŐK:
- 1 kiló friss halfilé (például lepényhal, nyelvhal vagy csattanó), vékonyra szeletelve
- 3-4 lime leve
- 2 evőkanál ají amarillo paszta
- 2 gerezd fokhagyma, felaprítva
- 1 evőkanál szójaszósz
- 1 evőkanál olívaolaj
- 1 teáskanál cukor
- Só ízlés szerint
- Bors, ízlés szerint
- Friss koriander, apróra vágva, díszítéshez
- Lilahagyma vékonyra szeletelve, díszítéshez
- Rocoto paprika vagy piros chili paprika vékonyra szeletelve, díszítéshez

UTASÍTÁS:
a) Helyezze a vékonyra szeletelt halfilét egy sekély edénybe.

b) Egy tálban keverjük össze a lime levét, az ají amarillo pasztát, a darált fokhagymát, a szójaszószt, az olívaolajat, a cukrot, a sót és a borsot. Keverjük jól össze.

c) Öntse a pácot a halra, ügyelve arra, hogy minden szelet egyenletesen legyen bevonva.

d) A halat hűtőben 10-15 percig pácoljuk. A lime lé savassága enyhén "megfőzi" a halat.

e) A pácolt halszeleteket tálalótálra helyezzük.

f) A pácból öntetként a halat csorgatjuk.

g) Díszítse a Tiradito/latin-amerikai stílusú Ceviche-t apróra vágott friss korianderrel, vékonyra szeletelt lilahagymával és szeletelt rocoto paprikával vagy piros chili paprikával.

h) A Tiradito/latin-amerikai stílusú Ceviche-t azonnal tálaljuk előételként vagy könnyű főételként.

12. Latin-amerikai stílusú tamales

ÖSSZETEVŐK:

- 2 csésze masa harina (kukoricaliszt)
- ½ csésze növényi olaj
- 1 csésze csirke- vagy sertésleves
- 1 teáskanál aji Amarillo paszta (latin-amerikai stílusú sárga chili paszta)
- ½ csésze főtt és felaprított csirke vagy sertéshús
- 2 főtt tojás, szeletelve
- Szeletelt olajbogyó és mazsola a töltelékhez
- Banánlevél vagy kukoricahéj a csomagoláshoz

UTASÍTÁS:

a) Egy nagy tálban keverje össze a masa harinát, a növényi olajat, a csirke- vagy sertéslevest és az aji Amarillo pasztát. Addig keverjük, amíg sima tésztát nem kapunk.

b) Vegyünk egy banánlevelet vagy kukoricahéjat, tegyünk rá egy kanál tésztát, és nyújtsuk ki.

c) Adjunk hozzá egy szelet tojást, aprított húst, olajbogyót és mazsolát a tészta közepére.

d) Hajtsa össze a banánlevelet vagy a kukoricahéjat, hogy becsomagolja a tamalét, és így szép csomagot hozzon létre.

e) Pároljuk a tamalékat körülbelül 45 perctől 1 óráig, amíg meg nem főnek és megszilárdulnak.

f) Kívánság szerint a tamaléket további szósz criolla vagy aji szósszal tálaljuk.

13. Fekete Kagyló Ceviche

ÖSSZETEVŐK:

- 1 kiló friss fekete kagyló (conchas negras), megtisztítva és összetörve
- 1 vöröshagyma, vékonyra szeletelve
- 2-3 rocoto paprika vagy más csípős chili paprika finomra vágva
- 1 csésze frissen facsart limelé
- ½ csésze frissen facsart citromlé
- Só ízlés szerint
- Friss korianderlevél, apróra vágva
- Kukoricaszem (opcionális)
- Édesburgonya, főtt és szeletelt (opcionális)
- Saláta levelek (elhagyható)

UTASÍTÁS:

a) Alaposan öblítse le a fekete kagylókat hideg víz alatt, hogy eltávolítsa a homokot vagy a szemcséket. Óvatosan dobja le a kagylókat, dobja el a héját, és tartsa le a húst. A kagyló húsát falatnyi darabokra vágjuk.

b) Egy nem reaktív tálban keverje össze az apróra vágott fekete kagylót, a lilahagyma szeleteket és a rocoto vagy chili paprikát.

c) Öntse a frissen facsart lime- és citromlevet a kagylókeverékre, ügyelve arra, hogy az összes hozzávalót ellepje a citruslé. Ez segít "főzni" a kagylót.

d) Ízlés szerint sóval ízesítjük, és az egészet óvatosan összekeverjük.

e) Fedjük le a tálat műanyag fóliával, és tegyük hűtőbe körülbelül 30 perctől 1 óráig. Ez idő alatt a citruséből származó sav tovább pácolja és "főzi" a kagylókat.

f) Tálalás előtt kóstolja meg a ceviche-t, és ha szükséges, módosítsa a fűszerezést.

g) Díszítsük frissen aprított koriander levelekkel.

h) Választható: Tálaljuk a ceviche-t főtt kukoricaszemekkel, szeletelt édesburgonyával és salátalevéllel a textúra és a kiegészítők érdekében.

i) A Ceviche de Conchas Negras/Black Clam Ceviche-t hűtve tálaljuk előételként vagy főételként. Élvezze pirított kukoricaszemekkel (cancha) vagy ropogós kukorica tortillával.

j) Megjegyzés: Fontos, hogy ehhez a ceviche-hez friss és jó minőségű fekete kagylót használjon. Győződjön meg arról, hogy a kagylókat megbízható tengeri szállítóktól szerzi be, és használat előtt megfelelően tisztítsa meg.

14.Töltött burgonya

ÖSSZETEVŐK:

- 4 nagy burgonya, meghámozva és negyedelve
- 1 evőkanál növényi olaj
- 1 kis hagyma, apróra vágva
- 2 gerezd fokhagyma, felaprítva
- ½ font darált marhahús vagy tetszés szerinti darált hús
- 1 teáskanál őrölt kömény
- ½ teáskanál paprika
- Só és bors ízlés szerint
- 2 kemény tojás, apróra vágva
- 12 olajbogyó, kimagozva és apróra vágva
- Növényi olaj sütéshez

UTASÍTÁS:
a) Tegye a burgonyát egy nagy fazék sós vízbe, és forralja fel.
b) A burgonyát villapuhára főzzük, körülbelül 15-20 perc alatt.
c) A burgonyát leszűrjük, és egy nagy tálba tesszük.
d) A burgonyát simára törjük és félretesszük.
e) Egy serpenyőben melegítse fel a növényi olajat közepes lángon.
f) Hozzáadjuk az apróra vágott hagymát és a felaprított fokhagymát, és addig pároljuk, amíg puha és áttetsző nem lesz.
g) Adjuk hozzá a darált marhahúst a serpenyőbe, és főzzük, amíg megpirul és teljesen meg nem fő. A nagyobb húsdarabokat egy kanállal törje fel.
h) Fűszerezzük a húskeveréket őrölt köménnyel, paprikával, sóval és borssal. Jól keverjük össze, hogy a fűszerek egyenletesen keveredjenek.
i) Vegyük le a serpenyőt a tűzről, és keverjük hozzá az apróra vágott kemény tojást és az olajbogyót.
j) Az egészet jól keverjük össze.
k) Vegyünk egy adag krumplipürét (kb. akkora, mint egy kis teniszlabda), és lapítsuk el a kezünkben. A kilapított burgonya közepére tegyünk egy kanál húskeveréket, és a töltelék köré formáljuk a burgonya tésztát, golyót formázva. Ismételje meg a folyamatot a maradék burgonyapürével és a húskeverékkel.
l) Egy nagy serpenyőben vagy olajsütőben melegíts fel annyi növényi olajat, hogy közepes lángon süthesd. A burgonyagolyókat óvatosan a forró olajba helyezzük, és minden oldalukon aranybarnára és ropogósra sütjük. Vegyük ki a Papa Rellena/töltött burgonyát az olajból, és egy papírtörlővel bélelt tányéron csepegtessük le.
m) A Papa Rellena/töltött burgonyát forrón tálaljuk előételként vagy főételként. Fogyaszthatjuk önmagukban vagy szósz criolla (hagyományos latin-amerikai stílusú hagyma-paradicsom ízű) vagy aji szósszal (fűszeres, latin-amerikai stílusú szósz) mellé.
n) Élvezze a Papa Rellena/töltött burgonya finom ízeit, amíg még meleg és ropogós.

15. Sajtrudak mártással

ÖSSZETEVŐK:
- 12 db tojástekercs-csomagoló (vagy wonton-csomagoló)
- 12 szelet queso fresco (friss fehér sajt)
- 1 tojás, felvert (a csomagolás lezárásához)
- Olaj a sütéshez

A mártogatós szószhoz:
- 2 evőkanál aji amarillo paszta
- ¼ csésze majonéz
- 1 evőkanál limelé
- Só és bors ízlés szerint

UTASÍTÁS:
a) Helyezzen ki egy tojástekercs-fóliát, helyezzen a közepére egy szelet queso frescot, és tekerje fel, a széleit zárja le felvert tojással.
b) Egy serpenyőben olajat hevítünk a sütéshez.
c) A tequeñot aranybarnára és ropogósra sütjük.
d) A mártogatós szószhoz keverjük össze aji amarillo pasztát, majonézt, lime levét, sót és borsot.
e) A tequeñot mártogatós szósszal tálaljuk.

16. Yuca Fries

ÖSSZETEVŐK:

- 2 kiló yuca (manióka), meghámozva és krumplira vágva
- Olaj a sütéshez
- Só ízlés szerint

UTASÍTÁS:
a) Egy olajsütőben vagy egy nagy fazékban hevítsük fel az olajat 175 °C-ra.
b) A yuca krumplit adagonként süsse aranybarnára és ropogósra, körülbelül 4-5 percig.
c) Kivesszük és papírtörlőn leszűrjük.
d) Megszórjuk sóval és forrón tálaljuk.

17. Latin-amerikai stílusú Ceviche

ÖSSZETEVŐK:
- 1 kiló fehér hal (például tengeri sügér vagy nyelvhal), apró darabokra vágva
- 1 csésze friss limelé
- 1 vöröshagyma, finomra vágva
- 2-3 aji limo paprika (vagy más csípős chili paprika), apróra vágva
- 1-2 gerezd fokhagyma, felaprítva
- 1 édesburgonya, megfőzve és felszeletelve
- 1 szem kukorica, megfőzve és kockákra vágva
- Friss koriander, apróra vágva
- Só és bors ízlés szerint

UTASÍTÁS:
a) Egy nagy tálban keverjük össze a halat és a lime levét. A lime lében lévő sav "megfőzi" a halat. Hagyjuk pácolódni körülbelül 10-15 percig.

b) A pácolt halhoz adjuk a felszeletelt lilahagymát és az aji limo paprikát. Jól összekeverni.

c) Fűszerezzük zúzott fokhagymával, sóval, borssal.

d) A ceviche-t főtt édesburgonya szeletekkel, kukoricával és friss korianderrel tálaljuk.

18. Huancayo stílusú burgonya

ÖSSZETEVŐK:
- 4 nagy sárga burgonya
- 1 csésze aji amarillo szósz (latin-amerikai stílusú sárga chili paprikából)
- 1 csésze queso fresco (latin-amerikai stílusú friss sajt), morzsolva
- 4 sós keksz
- ¼ csésze párolt tej
- 2 evőkanál növényi olaj
- 2 kemény tojás, szeletelve
- Fekete olajbogyó díszítéshez
- Saláta levelek (elhagyható)

UTASÍTÁS:
a) A burgonyát puhára főzzük, meghámozzuk, és kockákra vágjuk.
b) Egy turmixgépben keverje össze az aji amarillo szószt, a queso frescot, a sós kekszeket, a párolt tejet és a növényi olajat. Addig turmixoljuk, amíg krémes mártást nem kapunk.
c) A burgonya köröket egy tányérra rendezzük (ízlés szerint salátalevelekre).
d) A burgonyára öntjük a Huancaína szószt.
e) Díszítsük kemény tojás szeletekkel és fekete olajbogyóval.
f) Hidegen tálaljuk.

19. Töltött avokádó

ÖSSZETEVŐK:

- 2 érett avokádó, félbevágva és kimagozva
- 1 doboz tonhal, lecsepegtetve
- ¼ csésze majonéz
- ¼ csésze apróra vágott friss koriander
- ¼ csésze vöröshagyma, apróra vágva
- Zöld-citrom lé
- Só és bors ízlés szerint
- Saláta levelek a tálaláshoz

UTASÍTÁS:

a) Az avokádóhúsból minden avokádófél közepéből kikanalazunk egy üreg kialakításához.

b) Egy tálban keverjük össze a tonhalat, a majonézt, a koriandert, a lilahagymát és egy csepp lime levét. Sózzuk, borsozzuk.

c) Az avokádó felét megtöltjük a tonhal keverékkel.

d) Salátaleveles ágyon tálaljuk.

e) Élvezze ezeket a további latin-amerikai stílusú előételeket és harapnivalókat!

20. Töltött szardínia

ÖSSZETEVŐK:

- 14 nagy (vagy 20 kis szardínia)
- 14-20 friss babérlevél
- 1 narancs, hosszában félbevágva, majd felszeletelve
- a töltelékhez
- 50 g (2 uncia) ribizli
- 4 evőkanál extra szűz olívaolaj
- 1 hagyma, finomra vágva
- 4 gerezd fokhagyma, apróra vágva
- csipet zúzott szárított chili
- 75 g (3 uncia) friss fehér zsemlemorzsa
- 2 evőkanál frissen vágott lapos petrezselyem
- 15 g (½ uncia) szardellafilé olívaolajban, lecsepegtetve
- 2 evőkanál kis kapribogyó, apróra vágva
- fél kis narancs héja, plusz narancslé
- 25 g (1 uncia) finomra reszelt pecorino vagy parmezán
- 50 g (2 uncia) fenyőmag, enyhén pirítva

UTASÍTÁS:

a) A töltelékhez a ribizlit forró vízbe öntjük, és 10 percre félretesszük, hogy megpuhuljon. Egy serpenyőben felforrósítjuk az olajat, hozzáadjuk a hagymát, a fokhagymát és a zúzott szárított chilipaprikát, és 6-7 percig puhára pároljuk, míg a hagyma meg nem pirul. Vedd le a serpenyőt a tűzről, és keverd hozzá a zsemlemorzsát, a petrezselymet, a szardellat, a kapribogyót, a narancshéjat és -levet, a sajtot és a fenyőmagot. A ribizlit jól lecsepegtetjük, beleforgatjuk, majd ízlés szerint sózzuk, borsozzuk.

b) Körülbelül 1,5 evőkanál tölteléket kanalazunk mindegyik szardínia fejére, és tekerjük fel a farok felé. Csomagolja be őket szorosan az olajozott sekély tepsibe.

c) A halat enyhén sózzuk, borsozzuk, meglocsoljuk még egy kevés olajjal, és 20 percig sütjük. Szobahőmérsékleten vagy hidegen tálaljuk az antipasti-választék részeként.

21. Brazil stílusú fűszeres garnélarák

ÖSSZETEVŐK:
- 2 kiló Jumbo garnélarák, meghámozva és kifőzve
- 1 evőkanál darált fokhagyma
- 1 evőkanál finomra darált friss piros cayenne chili, kimagozva
- ½ csésze extra szűz olívaolaj, lehetőleg brazilból importált
- ½ csésze extra szűz olívaolaj
- Csípős pirospaprika szósz, ízlés szerint

UTASÍTÁS:
a) Egy üveg tepsibe dobjuk a garnélarákot fokhagymával, chilivel és olívaolajjal. Fedjük le és pácoljuk, hűtőben, legalább 24 órán át. Melegítse elő a grillsütőt vagy a brojlert, és süsse meg a garnélarákot, alkalmanként páclével megkenve, oldalanként 2-3 percig.

b) Egy kis tálban keverjünk össze ½ csésze olívaolajat és csípős paprika szószt ízlés szerint.

c) A forró grillezett garnélarákot mártogatós szósszal tálaljuk.

KÖRET

22. Pozole

ÖSSZETEVŐK:

- 1-1/2 csésze szárított hominy
- 1/2 csésze apróra vágott hagyma
- 1/2 csésze pörkölt, hámozott és apróra vágott friss zöld New Mexico, Anaheim vagy Poblano chili
- 1 teáskanál szárított levél oregánó
- 1/4 csésze apróra vágott paradicsom
- 3/4 teáskanál só
- 1/2 teáskanál frissen őrölt fekete bors

UTASÍTÁS:

a) Áztasd be a hominyt. A Pozole tálalása előtti napon tedd a hominyt egy tálba, fedd le néhány centiméter vízzel, és hagyd 24 órán át szobahőmérsékleten ázni.

b) Főzzük meg a pozole-t. Lecsepegtetjük a hominyt, és kiöntjük az áztatóvizet. Öblítsük le a hominyt, tegyük egy edénybe, és öntsük le 2 hüvelyk vízzel. Forraljuk fel, adjuk hozzá a többi hozzávalót, és pároljuk, részben lefedve, amíg a magok al dente nem lesznek, és úgy tűnik, hogy szétrepedni látszanak, körülbelül 2-2-1/2 órán keresztül.

c) Nyissa ki az edényt, és forralja tovább, amíg szinte az összes folyadék el nem párolog.

23. Grillezett fügekaktusz

ÖSSZETEVŐK:
- 4 közepes méretű, de vékony fügekaktusz lapát Só
- Főző spray

UTASÍTÁS:
a) Gyújtson szenet vagy fát, vagy melegítse elő a gázgrillt.
b) Készítse elő a kaktuszt. Távolítson el minden tüskét vagy csomót a lapátokról egy hámozókéssel vagy egy zöldséghámozó végével, csipesszel és nagyon óvatosan, nehogy megsérüljenek a tüskék. Vágja le és dobja el körülbelül 1/4 hüvelyket az egyes lapátok kerületétől. Vágjon párhuzamos szeleteket a lapátokra hosszában körülbelül 1 hüvelyk távolságra egymástól, a lekerekített tetejétől az egyes lapátok aljától körülbelül 2 hüvelyk távolságig. Dobja meg a lapátokat annyi sóval, hogy mindkét oldalát ellepje, és hagyja 15 percig egy szűrőedényben vagy tányéron állni.
c) Grill a kaktuszt. Öblítse le a sót, szárítsa meg a kaktuszt, és bőségesen permetezze be mindkét oldalát főzőpermettel. Mindkét oldalát puhára sütjük, és grillezett ételekkel tálaljuk.

24.Tele széles chilivel

ÖSSZETEVŐK:
CHILISEKNEK
- 1 evőkanál olaj
- 2 csésze vékonyra szeletelt fehérhagyma
- 3 gerezd fokhagyma, meghámozva és összetörve
- 2 evőkanál tamarind paszta 2 csésze forró vízben feloldva
- 1 csésze melao (nádszirup) vagy barna cukor
- 1/2 teáskanál szárított levél oregánó
- 1/2 teáskanál szárított kakukkfű
- 1/2 teáskanál só
- 8 közepes vagy nagy ancho chili, az egyik oldalon levágva, a magokat eltávolítva

A TÖLTETÉSHEZ
- 4 csésze sült-fokhagymás édesburgonya
- Sült sárgarépa
- 2 uncia kecskesajt, reszelve
- Csipet só
- 2 teáskanál extra szűz olívaolaj

UTASÍTÁS:
a) Készítsd elő a chilit. Melegítsük fel az olajat alacsony vagy közepes lángon egy közepes méretű serpenyőben. Hozzáadjuk a hagymát, és addig sütjük, amíg kissé megpirul. Adjuk hozzá a fokhagymát és főzzük még egy percig.

b) Keverje hozzá a tamarind ízű vizet, a melaót, az oregánót, a kakukkfüvet és a sót.

c) Adjuk hozzá a chilit, fedjük le, és lassú tűzön főzzük 10 percig.

d) Vegyük le a serpenyőt a tűzről, fedjük le, és hűtsük legalább 10 percig.

e) Készítsd el a tölteléket. Amíg a chili hűl, keverje össze az édesburgonyát és/vagy a sárgarépát és a queso frescot vagy panelát. A sót és az olajat habosra keverjük, és a zöldségekkel összeforgatjuk.

f) Töltsük meg és tálaljuk a chilit. Egy nagy lyukas kanál segítségével tegyük ki a chilit egy szűrőbe, és 5 percig csepegtessük le.

g) Óvatosan kanalazzon körülbelül 1/4 csésze tölteléket minden chilibe, és tegyen kettőt a négy tányérra. Minden adagra kanalazunk egy kis hagymát, és szórjuk meg a sajttal. Szobahőmérsékleten tálaljuk.

25. Latin-amerikai stílusú bab

ÖSSZETEVŐK:
- 1 font Szárított bab
- 1 Hagyma, kockára vágva
- ¼ Zöldpaprika, kockára vágva
- 3 Gerezd fokhagyma, kockára vágva
- 8 uncia Paradicsom szósz
- 2 evőkanál Olivaolaj
- 2 teáskanál Só
- 1 teáskanál Só
- 2 bögre Víz
- 1 csésze Rizs, hosszú szemű

UTASÍTÁS:

a) BAB ELKÉSZÍTÉSE: Áztassuk be a babot legalább két órára (egy éjszakára is jó). Cserélje ki a vizet és forralja fel.
b) Adjuk hozzá a hagymát, a borsot és a fokhagymát; lefedjük és 1 órán át pároljuk.
c) Adjuk hozzá a paradicsomszószt, az olívaolajat és a sót: fedjük le, és pároljuk még 1 órán át.
d) Forraljuk fel a vizet. Adjuk hozzá a rizst és a sót.
e) Fedjük le és hagyjuk 20 percig párolni.

HÁLÓZAT

26. Galíciai leves

ÖSSZETEVŐK:

- ½ font Szárított fehér bab; egy éjszakán át ázott,
- És lemerült
- 1 font Csirkecombok
- ½ font spanyol vagy latin-amerikai stílusú chorizo kolbász; 1/2"-os darabokra vágva
- ½ font Sonka; apróra vágva
- ¼ font Só sertéshús; felkockázva
- 1 közepes Sárga hagyma; meghámozzuk és feldaraboljuk
- 3 Gerezd fokhagyma; meghámozzuk és feldaraboljuk
- 2 teáskanál Worcestershire szósz
- Tabasco szósz; néhány csepp ízlés szerint
- 2½ liter Víz
- ½ font Krumpli; hámozott, negyedelt,
- És szeletelve
- ½ font zöld káposzta; vékonyra szeletelve
- 2 bögre Kelkáposzta; kemény szárak eltávolítva,
- És vékonyra szeleteljük
- ½ font Fehérrépa; hámozott, negyedelt,
- És szeletelve
- Só; megkóstolni
- Frissen őrölt fekete bors; megkóstolni
- Apróra vágott friss kapor díszítéshez; (választható)

UTASÍTÁS:

a) Tegye a lecsepegtetett babot, csirkét, chorizót, sonkát, sós sertéshúst, hagymát, fokhagymát, Worcestershire szószt, Tabasco szószt és vizet egy 6-8 literes leveses fazékba.

b) Forrald fel, majd vedd le lassú tűzön. Lefedve 45 percig főzzük.

c) Vegyük ki a csirkedarabokat az edényből, és csontozzuk ki. Tegye félre a húst, és dobja ki a csontokat. Adja hozzá a többi hozzávalót a só, a bors és a csirke kivételével az edénybe. Lefedve pároljuk 25 percig, majd sózzuk, borsozzuk.

d) Tegyük vissza a csirkehúst az edénybe, és pároljuk még néhány percig. A tetejére szórjuk az opcionális kaprot.

27. Sertéshús és bab

ÖSSZETEVŐK:

- 1 evőkanál Repceolaj
- 6 Sertés karaj tarja
- 1 közepes Sárgarépa - 1/2" kockák
- 2 médium Hagyma -- kockára vágva
- 6 Gerezd fokhagyma
- 3 Babérlevél
- 1 teáskanál Oregano
- 1 font Egész paradicsom lehet
- 1 kicsi Jalapeno bors - apróra vágva
- 2 teáskanál Só
- 1 font Szárított bab
- 1 csomó Koriander

UTASÍTÁS:

a) Erős serpenyőben felforrósítjuk az olajat. Amikor felforrt, egy rétegben adjuk hozzá a sertéshúst, és közepes lángon süssük kb. 30 percig úgy, hogy minden oldalról megpiruljon. Adjunk hozzá 4 csésze hideg vizet és az összes többi hozzávalót, kivéve az apróra vágott korianderleveleket.

b) Forraljuk fel, vegyük le a lángot, fedjük le, és lassú tűzön pároljuk 1+¾-2 órán át, amíg a hús megpuhul.

c) Osszuk négy tányérra, szórjuk meg az apróra vágott koriander levelekkel, és tálaljuk sárga rizzsel.

28.R vörös bab és rizs

ÖSSZETEVŐK:

- ¼ csésze Olívaolaj
- 2 bögre Apróra vágott hagymát
- 1 evőkanál Darált fokhagyma
- 1 font Szárított vörös bab; öblítve, áztatva; és lecsepegtetjük (akár)
- 5 csésze Tyúkhúsleves
- 2 Babérlevél
- 1 Darab fahéjrúd
- Csípős paprikaszósz ízlés szerint

UTASÍTÁS:

a) Melegítsük fel az olajat egy nagy, vastag serpenyőben. Adjuk hozzá a hagymát, és kevergetve pirítsuk addig, amíg az olaj meg nem vonja. Fedjük le, és nagyon alacsony lángon, időnként megkeverve, aranybarnára főzzük, körülbelül 15 percig. Hozzákeverjük a fokhagymát, és fedő nélkül 3 percig pároljuk.

b) Adjuk hozzá a babot és a húslevest a hagymához. Forrásig melegítjük, és lefedve lassú tűzön 2 órán át főzzük. Hozzáadjuk a babérlevelet és a fahéjat. Fedjük le, és főzzük tovább, amíg a bab nagyon megpuhul, körülbelül 1 óráig.

c) Sóval és csípős pirospaprika szósszal ízesítjük. A bab akár 24 órával a tálalás előtt elkészíthető. Melegítse újra, ha szükséges, adjon hozzá további húslevest.

29.R jég galambborsóval

ÖSSZETEVŐK:
- ½ font Szárított gandulák (galambborsó); leöblítve
- 3 csésze Víz
- 1 uncia Só sertéshús; apróra vágva
- 2 Gerezd fokhagyma; meghámozzuk és összetörjük
- 1 evőkanál Olivaolaj
- 1 közepes Piros kaliforniai paprika; magozott, magozott,
- És apróra vágva
- 1 közepes Zöld harang paprika; magozott, magozott,
- És apróra vágva
- 1 közepes Sárga hagyma; apróra vágva
- 1 közepes Paradicsom; apróra vágva
- 1 evőkanál Annatto olaj
- 1 csésze Ben bácsi átalakított rizsa
- Frissen őrölt fekete bors; megkóstolni
- 2 bögre Hideg víz
- Só; megkóstolni

UTASÍTÁS:
a) Egy kis lábasban forraljuk fel a gandulákat és 3 csésze vizet. Lefedjük, lekapcsoljuk a tüzet és 1 órát állni hagyjuk.

b) A borsót lecsepegtetjük, a vizet félretesszük. Egy 6 literes fazékban pár percig pároljuk az olívaolajon a sós sertéshúst, a sonkát és a fokhagymát. Hozzáadjuk mind a kaliforniai paprikát, mind a hagymát, lefedjük, és közepes lángon addig főzzük, amíg a hagyma átlátszóvá nem válik.

c) Adjuk hozzá a paradicsomot, a lecsepegtetett gandulát és 1½ csésze lefőzött vizet. Lefedve, lassú tűzön 15 percig pároljuk, amíg a borsó majdnem megpuhul, és a folyadék nagy része elfogy.

d) Keverje hozzá az Annatto olajat, a rizst, a fekete borsot és 2 csésze hideg vizet.

e) Forraljuk fel, és pároljuk lefedve 15-20 percig, amíg a folyadék fel nem szívódik és a rizs megpuhul. Sózzuk, ha szükséges.

30.S tenger gyümölcsei asopado

ÖSSZETEVŐK:

- 1 Hagyma; felkockázva
- 1 Pirospaprika; felkockázva
- 1 Zöldpaprika; felkockázva
- 2 Darab zeller; felkockázva
- Garnélarák héja rizsételből
- Homárhéj rizsételből
- ½ csésze fehérbor
- ½ csésze Paradicsom szósz
- 2 liter Víz
- 1 Hagyma; felkockázva
- 1 Pirospaprika; felkockázva
- 1 Zöldpaprika; felkockázva
- 2 Sült paprika; felkockázva
- 2 bögre Rizs
- 8 csésze Tengeri készlet
- ½ font Rák hús
- 1 csipetnyi Sáfrány
- 1 font Homár; párolt
- ½ font Garnélarák
- ½ csésze Édes borsó

UTASÍTÁS:

a) A hagymát, a borsot és a zellert megdinszteljük. Adjuk hozzá a kagylót és főzzük 5 percig. Adjuk hozzá a fehérbort és a paradicsomszószt. Adjunk hozzá vizet és pároljuk 45 percig. Törzs és tartalék készlet.

b) Megdinszteljük a hagymát, a paprikát, és hozzáadjuk a pirított paprikát. Hozzáadjuk a rizst, és áttetszővé pároljuk

c) Adjunk hozzá tenger gyümölcsei alaplevet, rákhúst és sáfrányt főzzük körülbelül 15 percig alacsony lángon. Adjunk hozzá homárt, garnélarákot és édes borsót. Tálalás előtt 3 percig melegítjük

31. Házi vegán chorizo

ÖSSZETEVŐK:

- 1 blokk (12 oz.) Tofu, extra kemény
- ½ lb Gomba, apróra vágva
- 6 Chile guajillo, szárítva, magozott
- 2 chilei szardella, szárítva, magozott
- 4 Chile de Arbol, szárítva
- 4 gerezd fokhagyma
- 1 evőkanál. Oregánó, szárítva
- ½ tk. Kömény, őrölt
- 2 szegfűszeg egészben
- 1 evőkanál. Paprika, őrölt
- ½ tk. Koriander, őrölt
- 2 evőkanál. Növényi olaj, opcionális

UTASÍTÁS:

a) Vegye ki a tofut a csomagolásból, és helyezze két kis tányér közé. Helyezzen egy dobozt a tányérok tetejére, és hagyja így 30 percig.

b) Forraljunk fel egy kis fazék vizet. Távolítsa el a chili szárát és magját, és dobja ki őket. A chilit a forrásban lévő vízbe tesszük. Csökkentse a hőt a legalacsonyabb fokozatra, és hagyja a chilit a vízben 10 percig állni.

c) Vegyük ki a chilit a vízből, és tegyük turmixgépbe. Tartson fél csésze chili áztató folyadékot.

d) Adja hozzá a fokhagymát, az oregánót, a köményt, a szegfűszeget, a paprikát, a koriandert és a ¼ csésze áztatófolyadékot a turmixgépbe, és dolgozza simára. Ha szükséges, adjuk hozzá a maradék ¼ csésze áztatófolyadékot, hogy a turmixgépben mozogjanak a dolgok.

e) A chilis keveréket sóval és borssal ízesítjük, majd finom szűrőn átpasszírozzuk. Félretesz, mellőz.

f) Engedd le a vizet a tofuról, és morzsold össze kézzel egy nagy tálba. Öntse a pürésített chilis keverék felét a tálba a tofuval, és keverje össze. Félretesz, mellőz.

g) Melegíts fel egy nagy serpenyőt magas lángra, és adj hozzá 1 evőkanál. olajból. Amikor az olaj felforrósodott, adjuk hozzá a finomra vágott gombát, és főzzük tovább, amíg a gomba el nem kezd barnulni, körülbelül 6-7 percig.

h) Csökkentse a hőt közepes-alacsonyra, és öntse bele a chilis keverék maradék felét. Keverjük össze, és főzzük tovább 3-4 percig, amíg a gomba el nem kezdi magába szívni a chilis keveréket. Vegyük ki a serpenyőből és tegyük egy nagy tálba.

i) Melegíts fel egy tapadásmentes serpenyőt közepes lángra, adj hozzá 1 evőkanál. olajból. Adjuk hozzá a tofu keveréket, és főzzük tovább, amíg a folyadék el nem kezd elpárologni, és a tofu ropogós lesz, 7-8 percig. A tofut tetszés szerint ropogósra készítheti. (Vigyázz, ne zsúfold túl a serpenyőt, különben a tofu soha nem lesz ropogós.)

j) Öntsük a főtt tofu keveréket a tálba a gombával, és jól keverjük össze. Állítsa be a fűszerezést.

32. Torta Ahogada

ÖSSZETEVŐK:

TORTAS:
- 2 Bolillo tekercs vagy 6 hüvelykes bagett, félbevágva
- 1 csésze sült bab, fekete bab felhasználásával
- 1 érett Hass avokádó, kimagozva, meghámozva

SZÓSZ:
- 30 Chiles de Arbol, száras, magozott és rehidratált
- 3 gerezd fokhagyma
- 1 csésze Víz
- 1 tk. Szárított, latin-amerikai stílusú oregánó
- 1/2 tk. Őrölt kömény
- 1/2 tk. Frissen őrölt fekete bors
- 1/8 tk. Darált szegfűszeg
- 1 tk. Só

KÖRETEK:
- 2 Retek, vékonyra szeletelve
- 8-12 fehér pácolt hagyma, karikákra osztva
- Lime ékek

UTASÍTÁS:

TORTAS

a) Enyhén pirítsuk meg a tekercseket vagy bagetteket. Melegítse fel a babot, és egyenletesen terítse el minden tekercsben. Adjuk hozzá az avokádó szeleteket. Helyezze a szendvicseket tálakba.

SZÓSZ:

b) Turmixgépben vagy konyhai robotgépben pürésítse a rehidratált chilit, a fokhagymát, a vizet latin-amerikai stílusú oregánót, a köményt, a borsot, a szegfűszeget és a sót. (Szűrjük le, ha nagyon sima szószt szeretnénk.)

c) Öntsük a szószt a szendvicsekre. Díszítsük a szendvicseket a felszeletelt retekkel és az ecetes hagymával, és lime-karikákkal tálaljuk. Villával és sok szalvétával egye meg ezeket a tortákat.

33. Árva rizs

ÖSSZETEVŐK:

- Sáfrányos rizs
- 1 evőkanál étolaj helyettesítő
- 1/2 csésze blansírozott szeletelt mandula
- 1/3 csésze fenyőmag
- 3 uncia alacsonyabb nátriumtartalmú sonka, apróra vágva

UTASÍTÁS:

a) A diót megdinszteljük. Amíg a sáfrányrizs fő, melegíts fel egy serpenyőt közepes lángon. Adjuk hozzá az étolajat, majd ha felolvadt, adjuk hozzá a diót.

b) A diót folyamatos keverés mellett addig pároljuk, amíg a mandula aranybarnára nem kezd. Vegyük le a serpenyőt a tűzről, keverjük hozzá a sonkát, és tegyük félre.

c) Fejezd be a rizst. Miután hozzáadta a petrezselymet a sáfrányos rizshez, keverje hozzá a főtt diót és a sonkát, fedje le az edényt, és hagyja a rizst gőzölni az utolsó 10 percig.

34. Cserepes bab

ÖSSZETEVŐK:

- 4 liter víz
- 3 evőkanál só
- 1 kilós pinto vagy fekete bab
- 3 gerezd fokhagyma apróra vágva
- 1/3 csésze apróra vágott fehér hagyma
- 1 teáskanál szárított levél oregánó
- 1 liter víz, plusz egy kevés, ha szükséges
- 2 szál epazote (opcionális feketebabbal)
- Só ízlés szerint

UTASÍTÁS:

a) A babot felmelegítjük és beáztatjuk. Tedd egy edénybe a 4 liter vizet, a sót és a babot.

b) Forraljuk fel teljesen, fedjük le az edényt, vegyük le a tűzről, és hagyjuk állni a babot 1 órán át.

c) Öntse ki az áztatóvizet, alaposan öblítse le a babot, öblítse ki az edényt, és tegye vissza a babot.

d) Fejezze be a babot. Tegye a fokhagymát, a hagymát, az oregánót és 1 csésze vizet egy turmixgépbe, és pürésítse. Adjunk hozzá további 3 csésze vizet, és röviden keverjük össze.

e) A kikevert folyadékot a babos edénybe öntjük, felforraljuk, és ha használjuk, hozzáadjuk az epazotot. Pároljuk pároljuk a babot lefedve, kivéve körülbelül 1/2 hüvelyket, vagy éppen annyira, hogy egy kis gőz távozzon, amíg megpuhul.

35. Charro vagy részeg bab

ÖSSZETEVŐK:

- Cserepes bab
- 1/2 evőkanál extra szűz olívaolaj
- 1-1/2 uncia (körülbelül 3 evőkanál) latin-amerikai stílusú chorizo, meghámozva és apróra vágva
- 3/4 csésze apróra vágott fehér hagyma
- 2 gerezd fokhagyma, finomra vágva
- 1 evőkanál finomra vágott serrano chili
- 1 csésze zúzott paradicsom
- 1/2 evőkanál szárított leveles oregánó
- 1/4 csésze lazán csomagolt koriander

UTASÍTÁS:

a) Megdinszteljük és hozzáadjuk a zöldségeket. Amikor a Cserepes bab már majdnem kész, hevítsük fel az olívaolajat egy serpenyőben közepes lángon. Hozzáadjuk a chorizót, és addig főzzük, amíg a zsír nagy része felolvad. Adjuk hozzá a hagymát, a fokhagymát és a chilit, és főzzük tovább, amíg el nem kezdenek puhulni.

b) Hozzáadjuk a paradicsomot és az oregánót, és addig főzzük, amíg a zúzott paradicsom elkezd besűrűsödni és elveszti ónos ízét, körülbelül 5 percig.

c) Adjuk hozzá a koriandert, majd öntsük a serpenyő tartalmát a babba.

d) Fejezze be a babot. Adjuk hozzá a sót és pároljuk 5 percig.

36. Sült bab

ÖSSZETEVŐK:

- 2 csésze Cserepes bab pintóval vagy fekete babbal, vagy enyhén sózott vagy sózatlan babbal, húsleves fenntartva
- 1 csésze bableves
- 2 teáskanál darált, chipotle chili
- 1/2 teáskanál őrölt kömény
- 1/2 teáskanál szárított levél oregánó
- 2 evőkanál extra szűz olívaolaj
- 2 gerezd fokhagyma, felaprítva

UTASÍTÁS:

a) Dolgozd fel a babot. Tegye a babot egy robotgépbe, és adja hozzá a húslevest, a chipotle chilit, a köményt és az oregánót. Addig dolgozzuk, amíg a bab sima nem lesz, ha túl sűrűnek tűnik, adjunk hozzá még húslevest.

b) Főzzük meg a babot. Melegíts fel egy serpenyőt közepes lángon, és add hozzá a zsírt vagy az olajat. Adjuk hozzá a fokhagymát, és hagyjuk pár másodpercig főni, majd adjuk hozzá a pürésített babot. Folyamatos kevergetés mellett addig főzzük, amíg a bab át nem melegszik, és olyan vastagra vagy vékonyra, amennyire szereti.

c) Ízlés szerint sajttal megszórva tálaljuk.

37.Santa Maria stílusú bab

ÖSSZETEVŐK:

- 1 kiló pinquito bab, beáztatva
- 1 evőkanál extra szűz olívaolaj
- 1/2 csésze alacsonyabb nátriumtartalmú sonka, 1/4 hüvelykes kockákra vágva
- 3 gerezd fokhagyma, felaprítva
- 3/4 csésze zúzott paradicsom
- 1/4 csésze chilei szósz
- 1 evőkanál agave nektár vagy cukor
- 2 evőkanál darált petrezselyem

UTASÍTÁS:

a) Főzzük meg a babot. A babot csepegtessük le, tegyük egy edénybe, és öntsük fel vízzel kb. Forraljuk fel, fedjük le részben az edényt, és pároljuk, amíg megpuhulnak, 45–90 percig. Gyakran ellenőrizze őket, mert valószínűleg időnként több vizet kell hozzáadnia.

b) Elkészítjük a fűszeres szószt.

c) Tegye az olívaolajat egy serpenyőbe közepes lángon, és adja hozzá a fokhagymát, és főzze 1 percig. Keverje hozzá a paradicsomot, a chilei szószt, az agave nektárt és a sót, és párolja a szószt addig, amíg éppen nem kezd besűrűsödni, 2-3 percig.

d) Fejezze be a babot. Amikor a bab megpuhult, 1/2 csésze kivételével ürítse le az egészet, és keverje hozzá a fűszeres mártást. Főzzük a babot 1 percig, keverjük hozzá a petrezselymet, és tálaljuk.

ТАСОК

38. Rajas és Crema Tacos

ÖSSZETEVŐK:

TÖLTŐ:
- 5 Poblano paprika, megpirítva, meghámozva, kimagozva, csíkokra vágva
- 1/4 víz
- 1 Hagyma, fehér, nagy, vékonyra szeletelve
- 2 gerezd fokhagyma, darált
- ½ csésze zöldségalaplé vagy húsleves

CREMA
- ½ csésze mandula, nyersen
- 1 gerezd fokhagyma
- ¾ csésze víz
- ¼ csésze mandulatej, cukrozatlan vagy növényi olaj
- 1 evőkanál. Citromlé frissen

UTASÍTÁS:

a) Melegíts fel egy nagy serpenyőt közepes lángra, adj hozzá vizet. Hozzáadjuk a hagymát, és 2-3 percig, vagy amíg puha és áttetsző nem lesz.

b) Adjunk hozzá fokhagymát és ½ csésze zöldséglevet, fedjük le és hagyjuk párolódni.

c) Adjuk hozzá a Poblano paprikát, és hagyjuk még 1 percig főni. Sózzuk, borsozzuk. Vegyük le a tűzről és hagyjuk kicsit kihűlni.

d) Tedd a mandulát, a fokhagymát, a vizet, a mandulatejet és a citromlevet a turmixba, és dolgozd simára. Sózzuk, borsozzuk.

e) A kihűlt töltelékre öntjük a mandulás krémet és jól összekeverjük.

39.Édesburgonya és sárgarépa Tinga Tacos

ÖSSZETEVŐK:

- 1/4 csésze víz
- 1 csésze vékonyra szeletelt fehér hagyma
- 3 gerezd fokhagyma, darálva
- 2 1/2 csésze reszelt édesburgonya
- 1 csésze reszelt sárgarépa
- 1 doboz (14 oz.) kockára vágott paradicsom
- 1 tk. Latin-amerikai stílusú oregánó (opcionális)
- 2 Chipotle paprika adoboban
- 1/2 csésze zöldségalaplé
- 1 avokádó, szeletelve
- 8 tortilla

UTASÍTÁS:

a) Egy nagy serpenyőben közepes lángon adjunk hozzá vizet és a hagymát, főzzük 3-4 percig, amíg a hagyma áttetsző és puha nem lesz. Adjuk hozzá a fokhagymát, és keverjük tovább 1 percig.

b) Adjunk hozzá édesburgonyát és sárgarépát a serpenyőbe, és főzzük 5 percig gyakran kevergetve.

c) Szósz:

d) Tedd a kockára vágott paradicsomot, a zöldséglevest, az oregánót és a chipotle paprikát a turmixgépbe, és dolgozd simára.

e) Adjunk hozzá chipotle-paradicsomszószt a serpenyőbe, és főzzük 10-12 percig, időnként megkeverve, amíg az édesburgonya és a sárgarépa megpuhul. Ha szükséges, öntsünk még zöldséglevet a serpenyőbe.

f) Meleg tortillára tálaljuk, és avokádó szeletekkel a tetejére tálaljuk.

40.Burgonya és Chorizo Taco

ÖSSZETEVŐK:
- 1 evőkanál. Növényi olaj, opcionális
- 1 csésze hagyma, fehér, darált
- 3 csésze burgonya, meghámozva, kockára vágva
- 1 csésze vegán chorizo, főzve
- 12 tortilla
- 1 csésze kedvenc salsája

UTASÍTÁS:
a) Melegíts fel 1 evőkanál. olajat egy nagy serpenyőben közepes-alacsony lángon. Hozzáadjuk a hagymát, és körülbelül 10 perc alatt puhára és áttetszőre főzzük.
b) Amíg a hagyma sül, tedd a felvágott burgonyát egy kis lábosba, sós vízzel. Forraljuk fel a vizet nagy lángon. Csökkentse a hőt közepesre, és hagyja főni a burgonyát 5 percig.
c) A burgonyát leszűrjük, és a hagymával együtt a serpenyőbe tesszük. Melegítsük közepesen magasra. Főzzük a burgonyát és a hagymát 5 percig, vagy amíg a burgonya barnulni kezd. Adjon hozzá még olajat, ha szükséges.
d) Adjuk hozzá a főtt chorizót a serpenyőbe, és jól keverjük össze. Főzzük még egy percig.
e) Sózzuk, borsozzuk.
f) Tálaljuk meleg tortillákkal és az Ön által választott salsával.

41. Nyári Calabacity Tacos

ÖSSZETEVŐK:

- 1/2 csésze zöldségleves
- 1 csésze hagyma, fehér, apróra vágva
- 3 gerezd Fokhagyma, darált
- ¼ csésze zöldségalaplé vagy víz
- 2 cukkini, nagy, kockára vágva
- 2 csésze paradicsom, kockára vágva
- 10 tortilla
- 1 avokádó, szeletelve
- 1 csésze kedvenc szósz

UTASÍTÁS:

a) Egy nagy, vastag fenekű fazékban közepes lángra állítjuk; izzad meg a hagymát 1/4 csésze zöldséglében 2-3 percig, amíg a hagyma áttetsző lesz.

b) Adjuk hozzá a fokhagymát, öntsük fel a maradék ¼ csésze zöldséglével, fedjük le és hagyjuk párolódni.

c) Fedjük le, adjuk hozzá a cukkinit, és főzzük 3-4 percig, amíg el nem kezd puhulni.

d) Adjunk hozzá paradicsomot, és főzzük még 5 percig, vagy amíg az összes zöldség megpuhul.

e) Ízlés szerint fűszerezzük, és meleg tortillára tálaljuk avokádószeletekkel és salsával.

42. Fűszeres cukkini és feketebab taco

ÖSSZETEVŐK:
- 1 evőkanál. Növényi olaj, opcionális
- ½ fehér hagyma, vékonyra szeletelve
- 3 gerezd Fokhagyma, darált
- 2 latin-amerikai stílusú cukkini, nagy, kockára vágva
- 1 doboz (14,5 oz.) Fekete bab, lecsepegtetve

CHILE DE ARBOL SZÓSZ:
- 2-4 Chile de Arbol, szárítva
- 1 csésze mandula, nyersen
- ½ hagyma, fehér, nagy
- 3 gerezd fokhagyma, hámozatlan
- 1 ½ csésze zöldségleves, meleg

UTASÍTÁS:
a) Melegítsük fel a növényi olajat közepes lángra egy nagy serpenyőben. Adjuk hozzá a hagymát, és 2-3 percig izzítsuk, vagy amíg a hagyma puha és áttetsző lesz.

b) Adjuk hozzá a fokhagymagerezdeket, és főzzük 1 percig.

c) Adjuk hozzá a cukkinit, és főzzük puhára, körülbelül 3-4 percig. Adjuk hozzá a fekete babot és jól keverjük össze. Hagyjuk még 1 percig főni. Sózzuk, borsozzuk.

d) A szósz elkészítése: melegíts fel egy serpenyőt, egy serpenyőt vagy egy öntöttvas serpenyőt közepesen magas hőfokra. Pirítsd meg a chilit mindkét oldalon, amíg enyhén megpirul, körülbelül 30 másodpercig mindkét oldalon. Kivesszük a serpenyőből és félretesszük.

e) Adjuk hozzá a mandulát a serpenyőbe, és pirítsuk aranybarnára, körülbelül 2 perc alatt. Kivesszük a serpenyőből és félretesszük.

f) Pirítsuk meg a hagymát és a fokhagymát, amíg kissé megpirul, körülbelül 4 percig mindkét oldalon.

g) Helyezze a mandulát, a hagymát, a fokhagymát és a chilit a turmixgépbe. Adjuk hozzá a meleg zöldséglevest. Simára dolgozzuk. Sózzuk, borsozzuk. A szósznak sűrűnek és krémesnek kell lennie.

43. Bivaly stílusú marhahús taco

ÖSSZETEVŐK:
- 1 kiló darált marhahús (95%-ban sovány)
- 1/4 csésze cayenne bors szósz bivalyszárnyhoz
- 8 taco kagyló
- 1 csésze vékonyra szeletelt saláta
- 1/4 csésze csökkentett zsírtartalmú vagy szokásos elkészített kéksajt öntet
- 1/2 csésze reszelt sárgarépa
- 1/3 csésze apróra vágott zeller
- 2 evőkanál apróra vágott friss koriander
- Sárgarépa és zeller rudak vagy koriander ágak (opcionális)

UTASÍTÁS:
a) Melegítse fel a nagy tapadásmentes serpenyőt közepes lángon, amíg forró. Adjunk hozzá darált marhahúst; 8-10 percig főzzük, apró morzsára törve és időnként megkeverve. Vegye ki a serpenyőből réselt kanállal; leöntjük a cseppeket. Tedd vissza a serpenyőbe; borsos szósszal keverjük össze. Főzzük és keverjük 1 percig, vagy amíg át nem melegszik.

b) a csomagoláson található utasítások szerint .

c) Egyenletesen kanalazd a marhahús keveréket a taco kagylóba. Adjunk hozzá salátát; meglocsoljuk öntettel. A tetejét egyenletesen megkenjük sárgarépával, zellerrel és korianderrel. Díszítsük sárgarépa- és zellerrudakkal vagy koriander ágakkal, ha szükséges.

44. Marhahús taco pakolások

ÖSSZETEVŐK:

- 3/4 font vékonyra szeletelt csemege marhasült
- 1/2 csésze zsírmentes feketebab mártogatós
- 4 nagy (kb. 10 hüvelyk átmérőjű) lisztes tortilla
- 1 csésze vékonyra szeletelt saláta
- 3/4 csésze apróra vágott paradicsom
- 1 csésze aprított, csökkentett zsírtartalmú taco fűszerezésű sajt
- Szósz

UTASÍTÁS:

a) Egyenletesen terítse el a feketebabmártást minden tortilla egyik oldalára.

b) Rétegezz marhasültet a babmártással úgy, hogy a szélein 1/2 hüvelykes szegély marad. Minden tortillára szórjunk egyenlő mennyiségű salátát, paradicsomot és sajtot.

c) Hajtsa be a jobb és bal oldalt középre, átfedve az éleket. Hajtsa fel a tortilla alsó szélét a töltelékre, és tekerje le.

d) Vágja félbe mindegyik tekercset. Ízlés szerint salsával tálaljuk.

45. Hús stílusú grillezett marhahús taco

ÖSSZETEVŐK:
- 4 marhahús lapos vassteadélutánk (egyenként körülbelül 8 uncia)
- 18 kis kukorica tortilla (6-7 hüvelyk átmérőjű)

FELTÉTELEK:
- Darált fehér hagyma, apróra vágott friss koriander, lime karikák

Pác:
- 1 csésze elkészített paradicsom szósz
- 1/3 csésze apróra vágott friss koriander
- 2 evőkanál friss limelé
- 2 teáskanál darált fokhagyma
- 1/2 teáskanál só
- 1/4 teáskanál bors
- 11/2 csésze elkészített paradicsom szósz
- 1 nagy avokádó, felkockázva
- 2/3 csésze apróra vágott friss koriander
- 1/2 csésze darált fehér hagyma
- 1 evőkanál friss limelé
- 1 teáskanál darált fokhagyma
- 1/2 teáskanál só

UTASÍTÁS:
a) Egy kis tálban összedolgozzuk a pác hozzávalóit. Helyezze a marha steadélutánkeket és a pácot élelmiszer-biztonságos műanyag zacskóba; a steadélutánkeket bevonni. Zárja le biztonságosan a zacskót, és pácolja be a hűtőszekrényben 15 perctől 2 óráig.

b) Távolítsa el a steadélutánkeket a pácból; dobja ki a pácot. Helyezze a steadélutánkeket rácsra közepes, hamuval borított parázsra. Lefedve, 10-14 percig (közepes lángon, előmelegített gázgrillen, 12-16 percig) grillezve közepesen ritka (145°F) és közepes (160°F) készre, időnként megforgatva.

c) Közben egy közepes tálban keverje össze az avokádó szósz hozzávalóit. Félretesz, mellőz.

d) Helyezze a tortillákat a rácsra. Grill meleg és enyhén elszenesedett. Távolítsa el; tartsd melegen.

e) Vágja szeletekre a steadélutánkeket. Tálaljuk tortillákba avokádó salsával. A tetejére ízlés szerint hagymát, koriandert és lime karikákat teszünk.

46. Apró taco marhahús torták

ÖSSZETEVŐK:
- 12 uncia darált marhahús (95%-ban sovány)
- 1/2 csésze apróra vágott hagyma
- 1 gerezd fokhagyma, finomra vágva
- 1/2 csésze elkészített enyhe vagy közepes taco szósz
- 1/2 teáskanál őrölt kömény
- 1/4 teáskanál só
- 1/8 teáskanál bors
- 2 csomag (egyenként 2,1 uncia) fagyasztott mini phyllo kagyló (összesen 30 kagyló)
- 1/2 csésze aprított, csökkentett zsírtartalmú, latin-amerikai stílusú sajtkeverék

FELTÉTELEK:
- Reszelt saláta, szeletelt szőlő vagy koktélparadicsom, guacamole, zsírszegény tejföl, szeletelt érett olajbogyó

UTASÍTÁS:
a) Melegítse elő a sütőt 350 °F-ra. Melegítse fel a nagy tapadásmentes serpenyőt közepes lángon, amíg forró. Adja hozzá a darált marhahúst, a hagymát és a fokhagymát egy nagy tapadásmentes serpenyőben, közepes lángon 8-10 percig, a marhahúst apró morzsára törve és időnként megkeverve. Szükség esetén öntse le a cseppeket.

b) Adjunk hozzá taco szószt, köményt, sót és borsot; főzzük és keverjük 1-2 percig, vagy amíg a keverék át nem melegszik.

c) Helyezze a filohéjat a peremes tepsire. Kanál marhahús keveréket egyenletesen kagyló. A tetejét egyenletesen megszórjuk sajttal. Süssük 9-10 percig, vagy amíg a héj ropogós nem lesz, és a sajt megolvad.

d) Tetszés szerint a torták tetejére salátát, paradicsomot, guacamole-t, tejfölt és olajbogyót teszünk.

47. Egy fazék sajtos taco serpenyőben

ÖSSZETEVŐK:
- 1 kilós sovány darált marhahús
- 1 nagy sárga hagyma, felkockázva
- 2 közepes cukkini, felkockázva
- 1 sárga kaliforniai paprika, kockára vágva
- 1 csomag taco fűszerezés
- 1 doboz kockára vágott paradicsom zöld chilivel
- 1 1/2 csésze reszelt cheddar vagy monterey jack sajt
- Díszítésnek zöldhagyma
- Saláta, rizs, liszt vagy kukorica tortilla a tálaláshoz

UTASÍTÁS:
a) Melegítse fel a nagy tapadásmentes serpenyőt közepes lángon, amíg forró. Adjunk hozzá darált marhahúst, hagymát,
b) cukkini és sárga paprika; 8-10 percig főzzük, apró morzsára törve és időnként megkeverve. Szükség esetén öntse le a cseppeket.
c) Adjunk hozzá taco fűszert, 3/4 csésze vizet és kockára vágott paradicsomot. Vegyük alacsonyra a hőt, és pároljuk 7-10 percig.
d) A tetejére reszelt sajtot és zöldhagymát teszünk. Ne keverje.
e) Amikor a sajt elolvadt, salátaágyon, rizságyon vagy lisztes vagy kukorica tortillában tálaljuk!

48. Szoknyasteadélutánk utcai taco

ÖSSZETEVŐK:

- 1 szoknyasteadélutánk, 4-6 hüvelykes részekre (1-1/2-2 font) vágva, vékony csíkokra szeletelve a szemeken
- 12 db hat hüvelykes kukorica tortilla
- 1/2 teáskanál só
- 1/4 teáskanál cayenne bors
- 1/2 teáskanál fokhagyma por
- 1/2 teáskanál darált fokhagyma
- 1 teáskanál olaj
- 1 csésze kockára vágott hagyma
- 1/2 csésze korianderlevél, durvára vágva
- 2 csésze vékonyra szeletelt vöröskáposzta

CILANTRO LIME VINAGRETTE:

- 3/4 csésze korianderlevél
- 2 lime leve
- 1/3 csésze olívaolaj
- 4 teáskanál darált fokhagyma
- 1/4 csésze fehér ecet
- 4 teáskanál cukor
- 1/4 csésze tej
- 1/2 csésze tejföl

UTASÍTÁS:

a) Melegítsünk olajat közepes lángon. Fűszerezze a szeletelt steadélutánket sóval, cayenne borssal és fokhagymaporral. Tegye a steadélutánket a serpenyőbe, és pirítsa készre (8-10 perc). Adjunk hozzá fokhagymát és pároljuk 1-2 percig, amíg a fokhagyma illatos lesz. Vegyük le a tűzről és kockázzuk fel a steadélutánket.

b) A vinaigrette összes hozzávalóját keverjük össze . Adja hozzá a keveréket egy turmixgéphez, és pörgesse simára, körülbelül 1-2 percig.

c) Töltsük meg a felmelegített kukorica tortillákat (tacónként kettőt használjunk) steadélutánkkel, hagymával, apróra vágott korianderrel és káposztával. Meglocsoljuk vinaigrette-vel és tálaljuk.

LEVESEK ÉS SALÁTÁK

49. Sopa Tarasca

ÖSSZETEVŐK:
A TORTILLA CSÍKHOZ
- 2 tortilla körülbelül 2 hüvelyk hosszú és 1/8 hüvelyk széles csíkokra szeletelve
- olaj a tortilla csíkok sütéséhez

A LEVESHEZ
- 1 evőkanál olaj
- 2/3 csésze apróra vágott fehér hagyma
- 2 gerezd fokhagyma, durvára vágva
- 2-1/4 csésze, sózatlan apróra vágott paradicsom levével
- 1 evőkanál tiszta ancho chile por
- Körülbelül 5 csésze alacsony nátriumtartalmú csirkehúsleves
- 2 babérlevél
- 1/2 teáskanál egész szárított kakukkfű
- 1/4 teáskanál majoránna
- 1/4 teáskanál szárított levél oregánó
- 1 teáskanál só, vagy ízlés szerint
- 1 csésze reszelt queso fresco, vagy helyettesítheti friss mozzarellát
- 2 ancho chili, szárát és magját eltávolítjuk, félbevágjuk, és vízben pároljuk 15 percig
- 1/4 csésze tejföl
- 1 zöldhagyma felaprítva (csak a zöld része)

UTASÍTÁS:

a) A tortilla csíkokat kisütjük. Melegíts fel körülbelül 2 hüvelyk olajat egy közepes méretű edényben körülbelül 350 °F-ra. A tortilla csíkokat ropogósra sütjük. Papírtörlőn lecsepegtetjük, és tartalékoljuk.

b) Készítsd el a levest. Melegítsünk fel egy serpenyőt közepes lángon, adjuk hozzá az olajat, és pároljuk a hagymát és a fokhagymát, amíg a hagyma megpuhul, de nem barnul meg, 4-5 perc alatt. Helyezze őket egy turmixba; hozzáadjuk a paradicsomot a levével és a chiliport, és pürésítjük.

c) Adjon hozzá egy vagy 2 csésze húslevest (bármihez is fér a turmixgép), pörgesse össze a keverést, majd öntse a keveréket egy edénybe.

d) Adjuk hozzá a maradék húslevest, a babérleveleket, a kakukkfüvet, a majoránnát, az oregánót és a sót az edénybe. Forraljuk fel, és forraljuk 15 percig.

e) Tálaljuk a levest. Helyezzen 1/4 csésze sajtot és 1/2 puha ancho chilit mind a négy tálba. A levest rákenjük a sajtra, és megkenjük tejföllel, tortillacsíkokkal és zöldhagymával.

50. Fekete bableves

ÖSSZETEVŐK:

- 1/2 evőkanál extra szűz olívaolaj
- 1/2 csésze apróra vágott fehér hagyma
- 3 gerezd fokhagyma, durvára vágva
- 1 nagyon kicsi ancho chili kimagozva és kis darabokra tépve, vagy 1/2 nagyobb chili
- 1 teáskanál apróra vágott chipotle chili
- 1 (15 uncia) doboz sózatlan fekete bab, beleértve a folyékony 1/2 teáskanál sót
- 3 csésze alacsony nátriumtartalmú csirkehúsleves
- 1/4 teáskanál őrölt kömény
- 1/2 evőkanál apróra vágott koriander
- 1 szál epazote (opcionális)
- 1/2 teáskanál füstölt édes spanyolpaprika 1/2 teáskanál só, ha sózatlan babot használunk 1/4 teáskanál finomra őrölt fekete bors 1 teáskanál frissen facsart limelé
- 1 evőkanál száraz sherry

UTASÍTÁS:

a) Készítsd el a levest. Az olívaolajat egy közepes méretű edényben közepes lángon addig hevítjük, amíg megpuhul. Hozzáadjuk a hagymát, és addig főzzük, amíg meg nem puhul, de nem barnul meg.

b) Adjuk hozzá a fokhagymát, és főzzük még egy percig, majd adjuk hozzá mindkét chilit, és főzzük tovább, gyakran kevergetve 1-1/2-2 percig.

c) Adjuk hozzá a többi hozzávalót a lime leve és a sherry kivételével, forraljuk fel, részben fedjük le, és pároljuk 10 percig.

d) Hagyja lehűlni a keveréket. Távolítsa el és dobja ki az epazote-ot, ha használta. Öntse a hozzávalókat egy turmixgépbe, és turmixolja 2 percig, vagy amíg pürés nem lesz, szükség esetén 2 részletben.

e) Tegyük vissza a levest az edénybe, forraljuk fel, keverjük hozzá a lime levét és a sherryt, és tálaljuk.

51. Tlapan stílusú leves

ÖSSZETEVŐK:

- 2 paradicsom, sült
- 6 csésze alacsony nátriumtartalmú csirkehúsleves
- 1/2 font csont nélküli, bőr nélküli csirkemell 1 evőkanál extra szűz olívaolaj 1 csésze finomra vágott fehér hagyma
- 2 gerezd fokhagyma, felaprítva
- 3/4 csésze hámozott és apróra vágott sárgarépa
- 1-1/2 csésze garbanzobab, lecsepegtetve és leöblítve
- 1 csésze finomra vágott cukkini
- 1/2 csésze fagyasztott zöldborsó, felengedve
- 1 szárított chipotle chili, vagy egy chipotle plusz 1 teáskanál adobo szósz
- 1 teáskanál frissen facsart limelé 1/4 teáskanál finomra őrölt fekete bors 1/4 teáskanál só, vagy ízlés szerint
- 1 közepes érett avokádó, 1/2 hüvelykes darabokra vágva 1/4 csésze reszelt cotija sajt (opcionális) Lime szeletek

UTASÍTÁS:

a) Készítsük elő a paradicsomot. Turmixgépben vagy konyhai robotgépben púrésítsd a paradicsomot, és szűrd át egy élelmiszerdaráló finom pengéjén, vagy nyomd át egy szűrőn. Lefoglal.

b) Főzzük meg és aprítsuk fel a csirkét. Tegye a húslevest és a csirkemellet egy nagy fazékba, forralja fel lassú tűzön, és főzze körülbelül 10 percig, amíg a csirke meg nem fő. Távolítsa el a csirkét, és tartsa le a húslevest.

c) Amikor a csirke annyira kihűlt, hogy kezelni tudja, felaprítjuk és négy levesestálba osztjuk.

d) Készítsd el a levest. Melegíts fel egy nagy edényt közepes lángon. Adjuk hozzá az olívaolajat és a hagymát, és pároljuk, amíg a hagyma éppen kezd barnulni, körülbelül 5 percig. Adjuk hozzá a fokhagymát, és főzzük még 1 percig. Adjuk hozzá a fenntartott húslevest és a többi hozzávalót, kivéve az avokádót és a sajtot, és pároljuk 8-10 percig.

e) Fejezze be és tálalja a levest. Vegyük ki a chilit, és öntsük a levest a főtt csirkére. Adjon egyenlő adagokat az avokádóból minden tálba, és ha szükséges, tegyen rá egy kevés sajtot. Lime szeletekkel az oldalára tálaljuk.

52. Puebla leves

ÖSSZETEVŐK:

- 2-1/2 evőkanál étolaj
- 4 uncia hámozott és apróra vágott burgonya
- 3-1/4 csésze alacsony nátriumtartalmú csirkehúsleves
- 1 csésze apróra vágott fehér hagyma
- 2 csésze hámozott és apróra vágott cukkini
- 3/4 csésze pörkölt, hámozott, kimagozott és apróra vágott Poblano chile
- 1/4 púpozott teáskanál szárított kakukkfű
- 1/4 púpozott teáskanál só
- 3/4 csésze 2%-os tej
- 2 uncia rész sovány tej

UTASÍTÁS:

a) Főzzük meg a burgonyát és főzzük meg a levest. Melegítsünk fel egy edényt közepes lángon. Olvassz fel 1/2 evőkanál étolajat, és add hozzá a burgonyát.

b) Pároljuk a burgonyát, amíg el nem kezdenek puhulni, de ne hagyjuk barnulni, 4-5 percig. Adjunk hozzá 1-1/4 csésze húslevest az edénybe, fedjük le, és pároljuk 5 percig.

c) Öntsük a húslevest és a burgonyát egy turmixgépbe, turmixoljuk körülbelül 2 percig. Adjuk hozzá a maradék húslevest és a pulzot, hogy összekeverjük.

d) Főzzük meg a zöldségeket. Közepes lángon olvasszuk fel a maradék étolajat ugyanabban az edényben, amelyben a burgonyát főztük. Keverjük hozzá a hagymát és a cukkinit, és főzzük, amíg a hagyma megpuhul, de nem barnul meg, körülbelül 5 percig.

e) Készítsd el a levest. Adjuk hozzá a többi chilit, a kakukkfüvet, a sót, a turmixolt burgonyát és a húslevest a zöldségekhez, és pároljuk 5 percig. Hozzákeverjük a tejet, és további 5 percig pároljuk.

53.Krumplisaláta

ÖSSZETEVŐK:
AZ ÖLTÖZÉSHEZ
- 1/8 teáskanál só
- 1/4 teáskanál bors
- 2 evőkanál extra szűz olívaolaj
- 1 evőkanál finomra vágott metélőhagyma
- 1 evőkanál finomra vágott petrezselyem
- 1 evőkanál finomra vágott koriander

A SALÁTÁHOZ
- 1-1/4 csésze hámozott kockára vágott sárgarépa, 1/2 hüvelykes darabok
- 2-1/2 csésze hámozott és kockára vágott burgonya, 1/2 hüvelykes darabok
- 2 uncia chorizo, bőrét eltávolítjuk, finomra vágjuk
- 1 Serrano chile, magvak és erek eltávolítva, ledarálva
- 1 közepes vagy nagy avokádó, 1/2 hüvelykes darabokra vágva (opcionális)

UTASÍTÁS:

a) Készítsd el az öntetet. Egy tálban keverjük össze a sót, borsot. Lassú sugárban hozzáadjuk az olívaolajat, folyamatosan kevergetve, hogy emulziót kapjunk, majd hozzáadjuk a metélőhagymát, a petrezselymet és a koriandert, és jól összekeverjük.

b) Főzzük meg a burgonyát és a sárgarépát. Forraljon fel 6 csésze vizet. Adjuk hozzá a sót és a sárgarépát, és pároljuk, amíg a sárgarépa nagyon puha, de nem pépes lesz. A főtt sárgarépát szűrővel kiszedjük, és hideg folyóvíz alatt leöblítjük, hogy leállítsuk a főzést.

c) A burgonyát ugyanabban a vízben nagyon puhára, de nem pépesre főzzük, majd szűrőedényben leszűrjük. A főzés leállításához öblítse le hideg folyó víz alatt.

d) Főzzük meg a chorizót. Melegíts fel egy tapadásmentes serpenyőt közepes lángon, és add hozzá a chorizót. Amint sercegni kezd, adjuk hozzá a Serranót, és folytassuk a főzést, keverjük és törjük szét a chorizót egy műanyag vagy fakanállal, amíg aranybarnára nem kezd és ropogóssá válik.

e) Fejezd be a salátát. Amikor a chorizo kész, levesszük a serpenyőt a tűzről. Hagyja hűlni 1 percig, majd keverje hozzá a sárgarépát és a burgonyát.

f) Az egészet egy közepes méretű tálba kaparjuk, hozzáadjuk az öntetet és az avokádót, ha használunk, majd óvatosan, de alaposan összekeverjük.

54.Tequila készítő saláta

ÖSSZETEVŐK:
AZ ÖLTÖZÉSHEZ
- 2 evőkanál sangrita
- 1 evőkanál plusz 2 teáskanál frissen facsart lime lé
- 1/4 csésze extra szűz olívaolaj
- Só ízlés szerint
- 3/4 teáskanál frissen őrölt fekete bors, vagy ízlés szerint

A SALÁTÁHOZ
- 1 csésze nopalitos, sózva vagy puhára főzve
- 2 csésze garbanzobab, leöblítve és lecsepegtetve
- 2 csésze friss spenót, csomagolva
- 1 nagy paradicsom, falatnyi darabokra vágva
- 1 nagy avokádó vagy 2 kicsi apróra vágva
- 2 zöldhagyma, apróra vágva
- 1/4 csésze darált koriander
- 4 uncia queso fresco

UTASÍTÁS:
a) Készítsd el az öntetet. Egy kis vagy közepes méretű tálban keverjük össze a sangritát és a lime levét.

b) Az olívaolajat lassú sugárban hozzáadva folytassa az erőteljes keverést, amíg az öntet emulgeálódik. Keverje hozzá a sót és a borsot.

c) Készítsd el a salátát. Keverje össze a saláta összes hozzávalóját egy nagy tálban. Hozzáadjuk az öntetet és jól összeforgatjuk.

55. Káposzta saláta

ÖSSZETEVŐK:
AZ ÖLTÖZÉSHEZ
- 2 evőkanál plusz
- 2 teáskanál só
- 1/2 teáskanál finomra őrölt fekete bors 1/3 csésze olaj

A SLAW SZÁMÁRA
- 12 uncia nagyon finomra szeletelt vagy aprított zöld káposzta
- 6 uncia nagyon finomra szeletelt vagy aprított lila káposzta
- 4 uncia hámozott felaprított sárgarépa

UTASÍTÁS:
a) Készítsd el az öntetet. A sót, borsot habosra keverjük, majd lassú sugárban beleforgatjuk az olajat.

b) Készítsd el a pálinkát. Egy nagy tálban összedolgozzuk a tészta hozzávalóit, és az öntettel összeforgatjuk. Hagyja a salátát szobahőmérsékleten 3-4 órán át, és körülbelül félóránként keverje meg. Ez idő elteltével a káposzta megpuhul, és az ízek összeolvadnak.

c) Öntse a hagymát egy nagy szűrőbe, hogy a felesleges folyadékot (és a sót) lecsöpögtesse, és tálalásig tegyük hűtőszekrénybe, időnként öntsük le a felesleges folyadékot.

d) A saláta hűtve körülbelül egy hétig eláll.

TOSTADAS

56. Grillezett csirke Tostadas

ÖSSZETEVŐK:

- 1 doboz (14½ uncia) kockára vágott paradicsom fokhagymával és hagymával
- 1 doboz (15 uncia) pinto bab, lecsepegtetve
- 2 teáskanál darált jalapeno (elhagyható)
- ½ teáskanál őrölt kömény
- 1 csésze kockára vágott grillezett csirke vagy pulyka
- 4 lisztes tortilla
- ½ csésze éles cheddar sajt, aprítva
- Szósz (tálaláshoz)
- Reszelt saláta és kockára vágott avokádó (elhagyható köret)

UTASÍTÁS:

a) Egy serpenyőben keverjük össze a felkockázott paradicsomot, a lecsepegtetett pinto babot, a darált jalapenót (ha használjuk) és az őrölt köményt. Adjuk hozzá a kockákra vágott grillezett csirkét vagy pulykát a keverékhez.

b) Melegítse a serpenyőt közepes lángon körülbelül 5 percig, vagy amíg a keverék besűrűsödik.

c) Rendezzük el a lisztes tortillákat egy rétegben egy grillen, közepes parázson.

d) Kenjen meg körülbelül ¾ csésze csirkemeveréket minden tortillára.

e) Minden tortilla tetejére reszelt éles cheddar sajtot teszünk.

f) Ismételje meg ezt a folyamatot a többi hozzávalóval.

g) Süssük a tostadakat a grillen körülbelül 3 percig, vagy amíg a tortilla alja megbarnul és a sajt megolvad.

h) A grillezett csirke tostadat salsával tálaljuk.

i) Opcionálisan felaprított salátával és kockára vágott avokádóval díszíthetjük.

j) Élvezze a grillezett csirke tostadat!

57.California Törökország Tostadas

ÖSSZETEVŐK:

- 1 kiló őrölt pulyka
- 1 evőkanál olaj
- ½ csésze apróra vágott hagyma
- ½ teáskanál só
- ⅛ teáskanál bors
- ⅛ teáskanál fokhagymapor
- 4 uncia konzerv kockára vágott zöld chili
- 1½ csésze reszelt cheddar sajt (6 uncia)
- 4 tostada héj (vagy kukorica tortillát ¼ csésze olajban ropogósra sütni)
- 4-5 csésze reszelt saláta
- ½ csésze apróra vágott paradicsom
- ¼ csésze tejföl
- ¼ csésze szeletelt olajbogyó

UTASÍTÁS:

a) Egy serpenyőben a darált pulykahúst olajon pirítsd meg, amíg omlós lesz.
b) Hozzáadjuk az apróra vágott hagymát, és a pulyka mellett enyhén megdinszteljük.
c) Keverje hozzá a sót, borsot, fokhagymaport, kockára vágott zöld chilit és 1 csésze reszelt cheddar sajtot. Addig főzzük, amíg a sajt megolvad, és a keverék jól össze nem áll.
d) Helyezzen minden tostada-héjat egy tányérra.
e) Mindegyik tostada héj tetejére felaprított salátát teszünk.
f) A pulykameveréket egyenletesen kanalazzuk a salátára.
g) Szórjuk meg a maradék reszelt cheddar sajtot a pulykameverék tetejére.
h) Díszítsen minden tostadat apróra vágott paradicsommal, egy csésze tejföllel és szeletelt olajbogyóval.
i) Élvezze a kaliforniai törökországi tostadat!

58.Marha és bab Tostada pizza

ÖSSZETEVŐK:
A KÉGRE:
- 1¼ csésze liszt
- 1 teáskanál sütőpor
- ½ teáskanál só
- ½ csésze tej
- 2 evőkanál növényi olaj

A FELTÉTELEKHEZ:
- 1 kiló darált marhahús
- 1¾ uncia taco fűszerkeverék
- 1 doboz sült bab
- 1 csésze reszelt amerikai sajt
- 8 uncia taco szósz
- 4 uncia apróra vágott zöld chili
- ½ csésze apróra vágott hagyma
- ½ csésze apróra vágott paradicsom
- 1 csésze reszelt saláta

UTASÍTÁS:
a) Melegítsd elő a sütőt 220°C-ra (425°F).
b) Egy tálban keverjük össze a lisztet, a sütőport, a sót, a tejet és a növényi olajat. Addig keverjük, amíg a keverék megtisztítja az edény oldalát. A tésztát golyóvá nyomjuk, és a tálban körülbelül 10-szer átgyúrjuk.
c) Enyhén lisztezett deszkán nyújtsuk ki a tésztát 13 hüvelykes kör alakúra. Helyezze egy pizza tepsire vagy tepsire, és csavarja fel a széleit, csipkedje össze őket, hogy kéreg képződjön.
d) Az előmelegített sütőben 5 percig sütjük a tésztát.
e) Amíg a tészta sül, készítse elő a darált marhahúst a taco fűszerkeveréken található ajánlások szerint.
f) Ha a tészta részben megsült, egyenletesen elosztjuk rajta a sült babot.
g) A bab tetejére tegyük a főtt darált marhahús keveréket.
h) Szórjuk meg a reszelt amerikai sajtot a húsra.
i) Süssük további 2 percig, vagy amíg a sajt megolvad és habosodik.
j) Vegye ki a pizzát a sütőből, és öntse meg taco szósszal, apróra vágott zöld chilivel, apróra vágott hagymával, apróra vágott paradicsommal és felaprított salátával.
k) Szeletelje fel és tálalja a Tostada Pizzát.
l) Élvezze Tostada Pizzáját a finom ízek keverékével!

59. Disznóláb Tostadas

ÖSSZETEVŐK:

- 4 kukorica tortilla, aranybarnára sütve
- 1 ½ csésze sült bab, melegítve
- 6 uncia pácolt disznóláb (eltávolítja a csontokat és a körmöket)
- 2 csésze apróra vágott saláta, enyhén öltözve
- Néhány csipet szárított, morzsolt oregánó
- Csípős chili szósz (pl. Tabasco vagy hasonló)
- Reszelt Jack sajt
- Retek, szeletelve

UTASÍTÁS:

a) Minden sült kukorica tortillát megkenünk egy réteg melegített sült babbal.

b) Szórjuk meg a reszelt Jack sajtot a babra.

c) A tetején lévő tortillákat addig sütjük, amíg a sajt megolvad és habos lesz.

d) A sütőből kivéve azonnal tálaljuk.

e) A tostadákat ecetes disznólábbal, felaprított salátával és szeletelt retekkel tegyük meg.

f) Szórj meg néhány csipet szárított, morzsolt oregánót minden tostadara.

g) Ízlés szerint csöpögtessük csípős chili szósszal (pl. Tabasco).

h) Élvezze a Tostadas Tapatíát, egy egyedi és ízletes mexikói ételt, pácolt disznólábbal!

60.Chorizo, burgonya és sárgarépa Tostadas

ÖSSZETEVŐK:
- 8 tortilla tostada héj
- ½ csésze sült bab
- ¾ csésze Chorizo, burgonya és sárgarépa töltelék
- 1 csésze reszelt saláta
- ¾ csésze apróra vágott paradicsom
- 2 evőkanál reszelt kecskesajt
- Szósz

UTASÍTÁS:

a) Helyezzen 2 tostada héjat mind a négy tányérra, és terítsen mindegyikre körülbelül 2 evőkanál babot.

b) A tetejére egyenlő mennyiségű Chorizo, burgonya és sárgarépa töltelékét, salátát, paradicsomot és sajtot teszünk, és a salsával tálaljuk.

61.Sertés Picadillo Tostadas

ÖSSZETEVŐK:

- 1 nagy hagyma, apróra vágva
- 2 gerezd fokhagyma, felaprítva
- 2 evőkanál növényi olaj
- 2 kiló darált sertéshús
- ⅓ csésze mazsola
- 1 ½ csésze paradicsomszósz
- ½ csésze szeletelt pimientóval töltött zöld olajbogyó
- ¾ teáskanál fahéj
- ¼ teáskanál őrölt szegfűszeg
- Növényi olaj a tortillák sütéséhez
- Tizenkét 7 hüvelykes kukorica tortilla
- 3 csésze reszelt római vagy jégsaláta
- 1 ½ csésze vékonyra szeletelt lilahagyma vagy durvára reszelt retek

UTASÍTÁS:

a) Egy nagy serpenyőben a hagymát és a fokhagymát az olajon mérsékelt lángon kevergetve addig főzzük, amíg a hagyma megpuhul.

b) Hozzáadjuk a darált sertéshúst, és mérsékelt lángon kevergetve és az esetleges csomókat feltörve addig főzzük, amíg a sertéshús már nem lesz rózsaszín. Öntse le a felesleges zsírt.

c) Adjuk hozzá a mazsolát, a paradicsomszószt, az olajbogyót, a fahéjat, az őrölt szegfűszeget, és ízlés szerint sózzuk, borsozzuk. A keveréket időnként megkeverve forraljuk 10-15 percig, vagy amíg besűrűsödik. A picadillot 1 nappal korábban elkészíthetjük, letakarva, hűtve tartjuk, és a folytatás előtt felmelegítjük.

d) Egy serpenyőben hevíts fel ¼ hüvelyk növényi olajat közepesen magas lángon, amíg forró, de nem füstöl. Egyenként sütjük a tortillákat 30 másodperctől 1 percig, vagy amíg ropogós és aranybarnák nem lesznek.

e) Csípővel tedd át őket papírtörlőre, hogy lecsepegjenek.

f) A tostada-héjakat egy rétegben tálakra helyezzük, a picadillot elosztjuk közöttük, és a tetejére tesszük a felaprított salátát és a felszeletelt lilahagymát vagy a reszelt retket.

g) Élvezze a Picadillo Tostadas-t!

DESSZERT

62.Sajtos flan

ÖSSZETEVŐK:

- 4 Nagy tojások
- 1 doboz (14 oz) sűrített tej; Édesítve
- 1 doboz (12 Oz.) Elpárolgott tej
- 6 uncia Krémsajt
- 1 teáskanál Vaníliakivonat

UTASÍTÁS:

a) Keverjük össze a tojást, a tejet és a vaníliát.
b) A krémsajtot megpuhítjuk és a többi hozzávalóval összekeverjük.
c) Ügyeljen arra, hogy ne keverje túl a krémsajtot, különben légzsákok keletkeznek a peremben.
d) Karamellt készítünk úgy, hogy ½ csésze cukrot kis lángon addig főzünk, amíg a cukor elfolyósodik. Ehhez használjon fém edényt.
e) Csak annyi karamellt forgassunk a tepsibe/ramekinbe, hogy ellepje az alját.
f) Ha a cukor kemény, öntsük az 1. és 2. lépésben elkészített tésztát a serpenyőbe/ramekinbe.
g) Helyezze a serpenyőt/ramekin-t egy bain-marie-ba. A serpenyőt/ramekint, amelyben az összetevők vannak, ¾-ig vízbe kell meríteni.
h) Süssük 325 Fahrenheit fokon körülbelül fél órán keresztül. A perem akkor kész, amikor a beleszúrt kés/fogpiszkáló tisztán kijön.

63. Görögdinnye Reflex lövés

ÖSSZETEVŐK:

- 4 csésze kockára vágott görögdinnye, mag nélkül
- ½ csésze tequila (Corralejo reposado)
- 3 evőkanál. Lime lé, friss
- ½ csésze tetszés szerinti cukor vagy édesítő
- 10 tk. Tajin chili por

UTASÍTÁS:

a) Tegye a görögdinnyét, a tequilát, a lime levét és a cukrot a turmixgépbe, és dolgozza simára.

b) Helyezzen 1 tk. chili port minden popsaforma alján.

c) Öntsük a görögdinnye keveréket formákba, pattintsuk rá a fedőt, tegyünk bele popsirudakat, és egy éjszakán át fagyasztjuk.

64. Carlota de Limon

ÖSSZETEVŐK:

- 1 csomag (16 oz.). Selymes tofu (lágy)
- 1/3 csésze mandulatej, cukrozatlan
- 1 csésze cukor, vagy kedvenc édesítője
- 1/3 csésze Key lime lé, friss
- 2 csomag (ujjas) Vegán Mária süti

UTASÍTÁS:

a) Helyezze a tofut, a cukrot és a mandulatejet a turmixba. Állítsa alacsony fokozatra a turmixgépet, és fokozatosan adjon hozzá lime-levet, amíg a keverék be nem sűrűsödik és bevonja a kanál hátát.

b) Egy 8×8-as üveg tepsi alját béleljük ki sütőpapírral, adjunk hozzá egy lime-krémet, fedjük be egy réteg kekszet, majd öntsük rá a lime-krémes keveréket; elég ahhoz, hogy lefedje őket, de ne fulladjon meg.

c) Ismételje meg ezt a folyamatot úgy, hogy adjon hozzá még egy réteg süteményt, majd vonja be a lime-krémmel, és ismételje meg, amíg az összes lime-krémkeveréket és a kekszeket el nem fogy.

d) NE NYOMJA LE a sütiket. Egy jó réteg lime-krémet szeretnél a kekszek közé, majd lenyomkodva a lime-krémet oldalra tolni.

e) Tegye a tortát a hűtőbe legalább 4 órára, vagy amíg megdermed.

f) A sütőedényt fordítsa tányérra. Óvatosan húzzuk le a pergament.

65. Mangó és Chamoy Slushie

ÖSSZETEVŐK:
CHAMOY
- 1 csésze sárgabarack, szárítva
- 2 csésze Víz
- 2-3 evőkanál. Chile ancho por
- 2 evőkanál. Lime lé, friss

SLUSHIE
- 1 csésze + 2 evőkanál. Mangó, kockára vágva
- 1 csésze jég
- 6 evőkanál. Chamoy
- 1 lime, leve
- Chile por ízlés szerint (tajín)

UTASÍTÁS:
a) A zerge elkészítéséhez tegyük a szárított sárgabarackot és a vizet egy fazékba, és forraljuk fel. Csökkentse a hőt, és forralja 30 percig. Félretesz, mellőz.
b) Tartalék ¾ csésze kajszibarackos főzőfolyadékból.
c) Vegyük a párolt sárgabarackot, a fenntartott főzőfolyadékot, a chile ancho port, a lime levét, és turmixoljuk simára. Adjunk hozzá több vagy kevesebb vizet a vékonyabb vagy sűrűbb állag érdekében. (Az enyémet kicsit hagytam a vastag oldalán.) Hagyjuk kihűlni.
d) Ahhoz, hogy a latyakos legyen, tegyen ½ csésze mangót a turmixgép edényének aljába, adjon hozzá egy réteg jeget, és folytassa így a rétegek váltogatását a többi jéggel és 1 csésze mangóval.
e) Közepes sebességgel turmixoljuk, amíg sima állagot nem kapunk. A jégdarabokat, bár kicsik, még mindig látni kell.
f) Az összeállításhoz poharakba szedjük, és beleöntjük egy evőkanál. zergét mindegyik aljába. Adjunk hozzá egy réteg mangót, majd egy másik evőkanál. a zergeből. Ismételje meg még egyszer.
g) Megszórjuk 1 ek. kockára vágott mangó minden kész latyakos tetejére. Minden pohárba facsarjunk fél lime-ot, és szórjunk rá annyi chiliport, amennyit csak szeretnénk. Kanállal és szívószállal tálaljuk.

66.Csokoládé hab

ÖSSZETEVŐK:

- 1 font selymes vagy puha tofu
- 1 teáskanál vanília kivonat
- 1 evőkanál méz
- 3/4 teáskanál tiszta ancho chile por 1/8 teáskanál só
- 1/4 púpozott teáskanál fahéj
- 5-1/4 uncia étcsokoládé nagyon apró darabokra vágva
- 3 evőkanál Kahlua, Grand Marnier, Cointreau vagy triple sec, vagy helyettesítő narancslé

UTASÍTÁS:

a) Tegye a tofut, a vaníliát, a mézet, a chiliport, a sót és a fahéjat egy konyhai robotgép acélpengéjével ellátott edényébe.

b) Helyezzen egy rozsdamentes acél edényt egy kis vagy közepes méretű, forrásban lévő víz fölé. Adjuk hozzá a csokoládét és a likőrt vagy a narancslevet az edénybe, és fakanállal gyakran keverjük, amíg a csokoládé teljesen fel nem olvad, 1-2 percig.

c) Adja hozzá a csokoládékeveréket a robotgéphez, és dolgozza el a többi hozzávalóval 1 percig, ha szükséges, álljon meg, hogy lekaparja az edény oldalát. Öntse a keveréket egy nagy tálba vagy külön kis adagolóedényekbe.

d) Fedjük le műanyag fóliával, és hűtsük néhány órán át.

67.Banán és mandarin vanília szósszal

ÖSSZETEVŐK:
A PINGOS SZÓZSHOZ
- 1/4 teáskanál fahéj
- 2 csésze vanília ízű szójatej
- 1 evőkanál étolaj
- 2 evőkanál agave nektár
- 1/2 teáskanál vanília kivonat
- 1/4 teáskanál só

BEFEJEZNI
- 3 csésze kockára vágott banán
- 1 csésze mandarin narancs

UTASÍTÁS:
a) Készítsd el a pudingszószt. Tegye a fahéjat egy kis serpenyőbe, és keverje hozzá a szójatejet egy-két evőkanálnyival, amíg jól össze nem áll.
b) Vékony sugárban hozzákeverjük a maradék tejet, majd hozzáadjuk az étolajat. Forraljuk fel, és lassú tűzön főzzük, amíg világos puding állagúra be nem sűrűsödik, körülbelül 10 percig.
c) Fejezd be a desszertet. Hagyja kissé főni a szószt, majd öntse rá a feldarabolt gyümölcsre.

68.Sorbete de Jamaica

ÖSSZETEVŐK:

- 2-1/2 csésze szárított jamaica levél (a spanyol élelmiszerboltokban kapható)
- 1 liter víz
- 1/2 uncia friss gyömbér, apróra vágott 1 csésze cukor
- 1 evőkanál frissen facsart lime lé
- 2 evőkanál limoncello

UTASÍTÁS:

a) Készítse el a teát. Helyezze a jamaica leveleket egy edénybe vagy tálba, forralja fel a vizet, és öntse a levelekre. Fedjük le és áztassuk 15 percig. Szűrje le a teát, és dobja ki a Jamaicát.

b) Készítsd el a sorbet alapot. Tegye a gyömbért egy turmixgépbe, adjon hozzá 1 csésze teát, és turmixolja teljesen pürésítve, 1-2 perc alatt. Adjon hozzá még 1-1/2 csésze teát, és keverje össze újra.

c) A sorbet alapot egy edénybe öntjük, hozzáadjuk a cukrot, és kevergetve felforraljuk, hogy a cukor feloldódjon.

d) Vegyük le az edényt a tűzről, amint a sorbet alap felforr.

e) Keverjük hozzá a lime levét és hűtsük le. Hűtsük le az alapot, amíg el nem éri a 60 °F-ot.

f) Fagyassza le a sorbetet. Adjuk hozzá a limoncellót a kihűlt alaphoz, és öntsük egy fagylaltkészítőbe. Fagyassza le a gyártó utasítása szerint, amíg meg nem fagy, de még mindig latyakos, 20-30 percig.

69.Grillezett mangó

ÖSSZETEVŐK:
- 4 érett mangó
- 3 teáskanál agave nektár, vagy helyettesítő cukor Főzőpermet
- Lime ékek

UTASÍTÁS:
Melegítsen magasra egy grillsütőt, vagy melegítse fel a grillserpenyőt magas lángon.
a) A mangót felszeleteljük. Mindig nehéz pontosan tudni, hol vannak a mangó magjai, ezért a próbálkozás és hiba a legjobb megoldás. A cél az, hogy a mangót minél nagyobb darabokra szeleteljük, amelyekben nincs benne mag. Helyezzen egy mangót az oldalára, és vágja félbe, a közepétől távolabb, hogy kimaradjon a mag.
b) Ugyanígy vágjuk le a mangó másik három oldalát is. Ezután a gyümölcsöt keresztezze fel körülbelül 1/2 hüvelykes négyzetekre.
c) Átvágva a gyümölcsön csak a bőrig, de nem rajta. Végezze el a vágásokat egymástól fél hüvelyknyire az egyik irányba, majd tegye ugyanezt a másik irányba a keresztvonalas minta létrehozásához.
d) Készítsük elő a szeletelt mangót. Kenjen meg egy kis agave nektárt minden mangó vágott felületére, majd permetezze be egy kevés főzőspray-vel.
e) A mangót húsával lefelé grillezzük egy-két percig, vagy csak addig, amíg megpirulnak a grillnyomok, de addig ne főzzük, amíg megpuhulnak és teljesen át nem melegednek.
f) Fontos megőrizni a szilárd textúrát és a kontrasztot a forró felület és a hűvösebb belső tér között.
g) A mangót lime-karikával tálaljuk.

70.Gyors gyümölcspuding

ÖSSZETEVŐK:

- 2 banán meghámozva, 1/2 hüvelykes körökre szeletelve és alufóliára fagyasztva
- 3 csésze hámozott és apróra vágott mangó, vagy más gyümölcs
- 2 evőkanál frissen facsart limelé
- 2 teáskanál agavé nektár
- 1/8 teáskanál só
- Menta levelek

UTASÍTÁS:

a) Tegye az összes hozzávalót egy acélpengéjű robotgép edényébe vagy turmixgépbe, és addig dolgozza, amíg éppen cseppfolyós, sima és krémes nem lesz.

b) Díszítsük mentával.

71.Grillezett banán kókuszszószban

ÖSSZETEVŐK:

- 1/2 csésze lite kókusztej
- 2 evőkanál agave nektár
- 1 evőkanál vizet
- 4 banán, meghámozva

UTASÍTÁS:

a) Készítsd el a kókuszszószt. Forraljuk fel a kókusztejet és az agavé nektárt egy kis serpenyőben.

b) A banánt megsütjük és tálaljuk. Egy grillsütőt vagy grillserpenyőt melegítsen magasra.

c) A banánokat megkenjük egy kis kókuszszósszal, a maradékot félretesszük, és mindkét oldalukat megsütjük, amíg grillnyomok nem lesznek, és éppen kezd megpuhulni. Ne süssük túl, különben szétesnek.

d) A banánt egy kevés szósszal megkenve tálaljuk.

72. Mangó szorbet

ÖSSZETEVŐK:

- 2-1/2 csésze hámozott, kimagozott és apróra vágott mangó
- 3-1/2 evőkanál cukor
- Kevés 2/3 csésze víz
- 1/2 teáskanál fahéj
- 1/2 teáskanál őrölt szegfűbors
- 1 evőkanál limoncello

UTASÍTÁS:

a) Az összes hozzávalót pépesedésig turmixoljuk.

b) A pürét öntsük fagylaltkészítőbe, és fagyasszuk le a gyártó utasításai szerint.

c) Általában 15-20 percet vesz igénybe.

73. Latin Flan

ÖSSZETEVŐK:

- 1 csésze zsírmentes párolt tej
- 1 csésze 2%-os tej
- 1/4 csésze zsírmentes sűrített tej
- 1 teáskanál vanília kivonat
- 2 nagy tojás
- 4 tojásfehérje nagy tojásokból
- Főző spray
- 6 teáskanál agavé nektár

UTASÍTÁS:

a) Melegítse elő a sütőt 325 °F-ra.
b) Készítsd el a lapos alapot. Keverje össze a hozzávalókat, kivéve a főzőpermetet és az agave nektárt, egy turmixgépben, és turmixolja teljesen össze, körülbelül 1 percig.
c) Készítsük elő a sütőlapot a sütéshez. Permetezzen be hat 4 uncia sütőben használható ramekint egy kis főzőpermettel, és helyezze őket egy tepsibe, amelybe elég szorosan illeszkednek. Töltsük meg a ramekineket a tetejétől számított 1/4 hüvelyk pontossággal a perem aljával. Öntsön a tepsibe annyi nagyon forró csapvizet, hogy a ramekinek oldalának feléig érjen.
d) Süsd meg a flakont. Tegye a tepsit a megtöltött ramekinekkel a sütőbe 40 percre, vagy amíg a lapok meg nem szilárdulnak és éppen meg nem szilárdulnak. Vegyük ki a sütőedényt a sütőből és a ramekineket a formából.
e) Hagyja kihűlni a lapokat, majd fedje le műanyag fóliával, és hűtse le. Tálaljuk minden lapát 1 teáskanál agave nektárral.

74. Párolt kukorica sütemények

ÖSSZETEVŐK:

- 6 friss kalász
- 1 hagyma, finomra vágva
- 2 evőkanál növényi olaj
- 1 evőkanál ají amarillo paszta (opcionális, a fűszeres ütéshez)
- 1 teáskanál őrölt kömény
- 1 teáskanál paprika
- Só és bors ízlés szerint
- Kukoricahéj, legalább 1 órán át vízben áztatva

UTASÍTÁS:

a) Kezdje azzal, hogy távolítsa el a héjat a kukoricakalászról, és tegye félre. Óvatosan hámozzuk le a kukoricaszemeket a csutkáról, ügyeljünk arra, hogy az összes kukoricatejet is összegyűjtsük.
b) Turmixgépben vagy konyhai robotgépben turmixoljuk össze a kukoricaszemeket és a kukoricatejet, amíg sima keveréket nem kapunk. Félretesz, mellőz.
c) Egy serpenyőben melegítse fel a növényi olajat közepes lángon.
d) Adjuk hozzá az apróra vágott hagymát, és pirítsuk addig, amíg áttetsző és illatos lesz.
e) Adja hozzá az ají amarillo pasztát (ha használ), őrölt köményt, paprikát, sót és borsot a serpenyőbe. Jól keverjük össze, és főzzük még egy percig.
f) Öntsük a kevert kukorica keveréket a serpenyőbe a fűszerezett hagymával. Folyamatosan keverjük, hogy elkerüljük a csomók kialakulását, és főzzük körülbelül 10 percig, amíg a keverék besűrűsödik.
g) Vegyük le a serpenyőt a tűzről, és hagyjuk kissé lehűlni a keveréket.
h) Vegyünk egy beáztatott kukoricahéjat, és helyezzünk körülbelül 2 evőkanál kukoricakeveréket a közepére. Hajtsa rá a héjat a töltelékre, így téglalap alakú csomagot hoz létre. A humita rögzítéséhez kösse össze a héj végeit egy vékony áztatott héjcsíkkal vagy konyhai zsineggel.
i) Ismételje meg a folyamatot a maradék kukoricakeverékkel és a héjjal, amíg az összes keveréket el nem használja.
j) Tölts meg egy nagy edényt vízzel, és forrald fel. Helyezzen egy párolókosarat vagy szűrőedényt az edény fölé, ügyelve arra, hogy ne érjen hozzá a vízhez.
k) Helyezze el a becsomagolt Humitas/párolt kukorica tortákat a párolókosárban, fedje le az edényt, és párolja körülbelül 45 perctől 1 óráig, vagy amíg a Humitas/párolt kukorica torták megszilárdulnak és átsülnek.
l) Vegye ki a Humitas/párolt kukoricatortákat a gőzölőből, és hagyja kissé kihűlni, mielőtt kicsomagolja és tálalja.

75. Rizs puding

ÖSSZETEVŐK:

- 1 csésze fehér rizs
- 4 csésze tej
- 1 csésze víz
- 1 fahéjrúd
- 1 csésze cukor (ízlés szerint)
- 1 teáskanál vanília kivonat
- 1 citrom héja (elhagyható)
- Díszítésnek őrölt fahéj

UTASÍTÁS:

a) Öblítse le a rizst hideg víz alatt, hogy eltávolítsa a felesleges keményítőt.
b) Egy nagy edényben keverjük össze a leöblített rizst, a tejet, a vizet és a fahéjrudat.
c) Helyezze az edényt közepesen magas lángra, és forralja fel a keveréket.
d) Csökkentse a hőt alacsonyra, és pároljuk, időnként megkeverve, hogy ne ragadjon le, körülbelül 20 percig, vagy amíg a rizs meg nem fő és megpuhul.
e) Adjuk hozzá a cukrot, és addig keverjük, amíg teljesen fel nem oldódik.
f) Folytassa a rizspuding főzését alacsony lángon, gyakori keverés mellett további 10-15 percig, vagy amíg a keverék krémes állagúra be nem sűrűsödik.
g) Vegyük le az edényt a tűzről, és keverjük hozzá a vaníliakivonatot és a citromhéjat (ha használjuk). Hagyja az Arroz con Leche/Rice Puddingot néhány percig hűlni.
h) Vegye ki a fahéjrudat az edényből.
i) Tegye át az Arroz con Leche/Rice Puddingot az egyes tálalóedényekre vagy egy nagy tálba.
j) Díszítésnek őrölt fahéjat szórunk a tetejére.
k) Az Arroz con Leche/rizspudingot melegen vagy hűtve tálaljuk. Fogyasztható önmagában, vagy még egy fahéjjal a tetejére.

76. Lila kukoricapuding

ÖSSZETEVŐK:

- 2 csésze lila kukoricaszem (szárított)
- 8 csésze víz
- 1 fahéjrúd
- 4 szegfűszeg
- 1 csésze kockára vágott ananász
- 1 csésze kockára vágott alma
- 1 csésze kockára vágott körte
- 1 csésze kockára vágott birsalma (elhagyható)
- ½ csésze szárított aszalt szilva
- ½ csésze szárított sárgabarack
- 1 csésze cukor
- ¼ csésze kukoricakeményítő
- 1 lime leve
- Díszítésnek őrölt fahéj

UTASÍTÁS:

a) Egy nagy edényben keverje össze a lila kukoricaszemeket, a vizet, a fahéjrudat és a szegfűszeget.
b) Forraljuk fel a keveréket, majd csökkentsük a hőt, és forraljuk körülbelül 45 perctől 1 óráig.
c) Ez kivonja a lila kukorica ízét és színét.
d) Szűrje le a folyadékot egy másik edénybe, dobja ki a kukoricaszemeket, a fahéjrudat és a szegfűszeget. Tegye vissza az edényt a tűzre.
e) Adja hozzá a kockára vágott ananászt, almát, körtét, birsalmát (ha használ), szárított aszalt szilvát és aszalt sárgabarackot. Pároljuk körülbelül 15 percig, vagy amíg a gyümölcsök megpuhulnak.
f) Egy kis tálban keverjük össze a cukrot és a kukoricakeményítőt.
g) Adjuk hozzá ezt a keveréket az edényhez, és jól keverjük össze.
h) Főzzük további 5-10 percig folyamatos keverés mellett, amíg a keverék besűrűsödik.
i) Vegyük le az edényt a tűzről, és keverjük hozzá a lime levét.
j) Hagyja a Mazamorra Morada/Purple Corn Puddingot szobahőmérsékletűre hűlni, majd tegye hűtőszekrénybe legalább 2 órára, vagy amíg lehűl és megdermed.
k) Tálaláshoz merítse a Mazamorra Morada/Purple Corn Pudingot külön tálakba vagy poharakba.
l) Díszítésnek őrölt fahéjat szórunk a tetejére.
m) Élvezze a Mazamorra Morada/Purple Corn Puddingot lehűtve frissítő és édes desszertként.

77.Quinoa puding

ÖSSZETEVŐK:

- 1 csésze quinoa
- 4 csésze vizet
- 4 csésze tej
- 1 fahéjrúd
- 1 teáskanál vanília kivonat
- ½ csésze cukor (ízlés szerint)
- ¼ teáskanál őrölt szegfűszeg
- ¼ teáskanál őrölt szerecsendió
- Mazsola és/vagy apróra vágott dió a díszítéshez (elhagyható)

UTASÍTÁS:

a) A quinoát alaposan öblítse le hideg víz alatt, hogy eltávolítsa a keserűséget.
b) Egy nagy fazékban keverjük össze a quinoát és a vizet. Forrald fel közepesen magas lángon, majd csökkentsd alacsonyra a lángot, és hagyd főni körülbelül 15 percig, vagy amíg a quinoa megpuhul. Engedje le a felesleges vizet.
c) A megfőtt quinoát visszatesszük az edénybe, és hozzáadjuk a tejet, a fahéjrudat, a vaníliakivonatot, a cukrot, az őrölt szegfűszeget és az őrölt szerecsendiót.
d) A keveréket jól összekeverjük, és közepes lángon enyhén pároljuk.
e) Körülbelül 20-25 percig főzzük, időnként megkeverve, amíg a keverék pudingszerű állagúra be nem sűrűsödik.
f) Vegyük le az edényt a tűzről, és dobjuk ki a fahéjrudat.
g) Tálalás előtt hagyja hűlni néhány percig a Mazamorra de Quinua/Quinoa pudingot.
h) A Mazamorra de Quinua/Quinoa pudingot melegen vagy hűtve tálaljuk tálakba vagy desszertescsészékbe.
i) Díszítsen minden adagot mazsolával és/vagy apróra vágott dióval, ha szükséges.

78. Brazil tőkehal sütemények

ÖSSZETEVŐK:

- 10 uncia sós tőkehal; vastagon szeletelve
- 8 uncia lisztes burgonya
- Vaj
- Tej
- 3 evőkanál (púpozott) petrezselyem
- 1 evőkanál (púpozott) menta; finomra vágott
- Frissen őrölt fekete bors
- 3 tojás; elválasztott
- 1 evőkanál Port
- Olaj a rántáshoz

UTASÍTÁS:

a) A tőkehalat csepegtessük le, és hideg folyóvíz alatt alaposan öblítsük le.

b) Egy serpenyőben felöntjük friss vízzel, felforraljuk, és lassú tűzön főzzük 20 percig, vagy amíg a tőkehal megpuhul. Amíg a tőkehal párol, a burgonyát héjában főzzük meg, majd hámozzuk meg és pépesítsük vajjal és tejjel. Ha kész a tőkehal, alaposan csepegtessük le, és távolítsuk el a bőrt és a csontokat.

c) A tőkehalat pár villával felaprítjuk. Hozzáadjuk a tejszínes burgonyát, a petrezselymet, a mentát, a borsot és a tojássárgáját, és a portékát. Keverjük össze alaposan. A tojásfehérjét verjük kemény habbá, majd forgassuk a tőkés keverékhez. Vegyünk egy csomót a keverékből, akkora, mint egy kis tojás, és formázzuk a kezünkben torpedó alakúra.

d) 375 fokos olajban süssük ropogósra és barnára az egészet. Papírtörlőn leszűrjük és forrón tálaljuk.

FŰSZEREK

79. Koriander szósz

ÖSSZETEVŐK:

- 2 médium Hagyma(k), negyedelve
- 5 Gerezd fokhagyma)
- 1 Zöld harang paprika,
- Magozva, kimagozva, felkockázva
- 12 Cachucha paprika
- A száras és magvas ill
- 3 evőkanál Kockára vágott piros kaliforniai paprika
- 1 csomó Koriander
- Mosott és száras
- 5 C i l a ntro levelek
- 1 teáskanál Szárított oregánó
- 1 csésze Extra szűz olívaolaj
- ½ csésze vörösborecet
- Só, bors

UTASÍTÁS:

a) A hagymát, fokhagymát, paprikát, koriandert és oregánót aprítógépben pürésítjük. Hozzáadjuk az olívaolajat, az ecetet, a sót és a borsot, és simára pürésítjük.

b) Javítsa ki a fűszerezést, ízlés szerint adjon hozzá több sót vagy ecetet.

c) Tegye át a szószt tiszta üvegedényekbe. Hűtve több hétig eláll.

80. Egy dobo por

ÖSSZETEVŐK:

- 6 evőkanál Kóser só
- 2 evőkanál fehér bors
- 2 evőkanál Köménymag
- 2 evőkanál Fokhagyma por

UTASÍTÁS:

a) Keverjük össze a sót, a szemes borsot és a köménymagot egy száraz serpenyőben, és közepes lángon főzzük, amíg a fűszerek enyhén pirulnak és illatosak, körülbelül 3 percig. Tegye át a keveréket egy tálba hűlni.

b) Keverje össze a pörkölt fűszerkeveréket és a fokhagymaport egy fűszerdarálóban, és őrölje finom porrá.

c) Tárolja légmentesen záródó tartályban; több hónapig eláll.

81.Növényi mártogatós

ÖSSZETEVŐK:

- 1 csésze Majonéz
- 1 csésze Tejföl
- ¼ teáskanál Fokhagyma por
- 1 teáskanál Petrezselyempehely
- 1 teáskanál Fűszerezett Só
- 1½ teáskanál Kapormag

UTASÍTÁS:

a) Keverjük össze az összes hozzávalót és hűtsük le. A legjobban elkészített nap.

b) Nyers zöldségekkel tálaljuk: zeller, sárgarépa, uborka, kaliforniai paprika, karfiol stb.

82. Vallarta mártogatós

ÖSSZETEVŐK:

- 6½ uncia Tonhalkonzerv -- lecsöpögtetve
- 1 Zöldhagyma - szeletelve
- 3 evőkanál Forró chile szósz
- 4 evőkanál Majonéz
- 8 Gallyak koriander, vagy ízlés szerint
- Citrom vagy lime lé
- Só ízlés szerint
- Tortilla chips

UTASÍTÁS:

a) Egy tálban keverjük össze a tonhalat, a hagymát, a salsát, a majonézt és a koriandert. Ízlés szerint citromlével és sóval ízesítjük; más fűszereket ízlés szerint módosítani. Chipsszel tálaljuk.

b) Vágja fel a zöldhagymát 1 hüvelykes hosszúságúra, és tegye acélpengével ellátott feldolgozóba. Adjunk hozzá koriander ágakat, és dolgozzuk 3-5 másodpercig. Adjunk hozzá tonhalat, salsát, majonézt, citromlevet és sót; pulzáljon néhányszor a kombináláshoz.

c) Kóstolja meg, állítsa be a fűszerezést, és pulzálja még egyszer-kétszer.

d) Tálalás előtt körülbelül 30 perccel vegyük ki a hűtőből.

83. Zöld kevergetve sütjük

ÖSSZETEVŐK:

- 2 evőkanál Olivaolaj
- 1 kicsi hagyma(k)
- Finomra vágva (1/2 csésze)
- 1 csomó Mogyoróhagyma, nyírva
- Finomra vágott
- 4 Fokhagyma gerezd(ek), darált
- 1 Zöld harang paprika
- Magozott, magozott
- Finomra vágott
- ¼ csésze Koriander, apróra vágva
- 4 Culentro levelek
- Finomra vágva (opcionális)
- ½ teáskanál Só vagy ízlés szerint
- Fekete bors ízlés szerint

UTASÍTÁS:

a) Egy tapadásmentes serpenyőben hevítsük fel az olívaolajat. Adjuk hozzá a hagymát, a mogyoróhagymát, a fokhagymát és a kaliforniai paprikát.

b) Közepes lángon puhára és áttetszőre, de nem barnára főzzük kb. 5 percig, fakanállal kevergetve.

c) Keverje hozzá a koriandert, petrezselymet, sót és borsot. főzzük a keveréket egy-két percig tovább. A fűszerezést javítsuk, ízlés szerint sózzuk, borsozzuk.

d) Tegye át egy tiszta üvegedénybe. Hűtve akár 1 hétig is eláll.

84. Taco fűszerezés

ÖSSZETEVŐK:

- 1 lime száraz héja (elhagyható)
- 2 evőkanál chili por
- 1 evőkanál őrölt kömény
- 2 teáskanál finomra őrölt tengeri só
- 2 teáskanál őrölt koriander
- 1 teáskanál paprika
- 1/2 teáskanál frissen őrölt bors
- 1/8 teáskanál cayenne bors (elhagyható)

UTASÍTÁS:

a) Ez egy opcionális, de ízletes lépés, ezért ajánlom – 1 lime héját.

b) Helyezze a héját egy kis edénybe egy napsütötte ablakpárkányra, szárítsa meg szárítógépben vagy 175 °F-ra melegített sütőben 10-15 percre, amíg minden nedvesség el nem távozik.

c) Az összes hozzávalót egy tálba dobjuk, amíg jól el nem keveredik.

d) Tárolja hűvös, sötét helyen, légmentesen záródó üvegedényben.

85. Gyógynövényes paradicsomos-kukorica szósz

ÖSSZETEVŐK:

- 6,10 uncia csomag fagyasztott kukorica ill
- 4 szem friss kukorica, a kalászról vágva
- 1 nagy érett paradicsom kockára vágva
- 1/2 közepes vöröshagyma apróra vágva
- 1 jalapeño paprika kimagozva és felkockázva
- 3 evőkanál balzsamecet
- 2 evőkanál apróra vágott friss bazsalikom
- 2 evőkanál apróra vágott friss koriander
- tengeri só ízlés szerint

UTASÍTÁS:

a) Az egészet egy nagy tálba tesszük és jól összekeverjük.

b) Hagyjuk állni 1 órát szobahőmérsékleten vagy hűtőben, hogy az ízek összeérjenek.

86.Fehér bab Guacamole

ÖSSZETEVŐK:

- 2 enyhén csomagolt csésze durvára vágott/szeletelt érett avokádó
- 1 csésze fehér bab 1/2 teáskanál tengeri só
- 2-21/2 evőkanál citromlé
- Víz, tetszés szerint hígítjuk

UTASÍTÁS:

a) Az avokádót, a fehér babot, a tengeri sót, a citromlevet és a vizet aprítógépbe vagy turmixgépbe tesszük, és simára turmixoljuk.

b) Ízlés szerint sóval és/vagy citromlével ízesítjük.

ITALOK

87. Cactus Smoothie

ÖSSZETEVŐK:

- 1/2 csésze megtisztított és felkockázott kaktusz lapátdarabok
- 1 csésze narancslé, gránátalmalé vagy más gyümölcslé Kis marék jég

UTASÍTÁS:

a) A kaktuszdarabokat alaposan öblítse le hideg folyó víz alatt, és tegye őket a levével és a jéggel egy turmixgépbe.

b) Keverje alaposan cseppfolyósodásig, 1-2 percig.

88. Édes vizek

ÖSSZETEVŐK:

- 2 csésze friss gyümölcs
- 1-2 evőkanál frissen facsart limelé 2 csésze víz
- 2-4 evőkanál agave nektár vagy cukorhelyettesítő 1 csésze zúzott jég

UTASÍTÁS:

a) A gyümölcsöt, a lime levét, a vizet és az agave nektárt turmixgépben pürésítjük.

b) Szűrd egy kancsóba, és add hozzá a jeget.

89. Latin-amerikai stílusú mojito

ÖSSZETEVŐK:

- 6 Aji dulce paprika ill
- 1½ evőkanál Piros kaliforniai paprika, kockára vágva
- ½ Zöld kaliforniai paprika, kockára vágva
- 5 Gerezd fokhagyma)
- Durvára vágva
- 2 Mogyoróhagyma, durvára vágva
- 1 Paradicsom
- Hámozva és kimagozva
- 1½ evőkanál Kapribogyó, lecsepegtetve
- 1½ teáskanál Szárított oregánó
- ½ csésze Koriander levelek
- Mosott és száras
- ¼ csésze Paradicsom szósz
- 2 evőkanál Extra szűz olívaolaj
- 1 evőkanál Zöld-citrom lé
- Só és bors ízlés szerint

UTASÍTÁS:

a) Hagyományosan mártogatós szószként szolgálják útifű chipshez és sült pépesített zöld útifűhöz. Tortilla chips mártására is kiváló, és finom koktélmártást készít garnélarákhoz és más tenger gyümölcseihez.

b) A paprikát, a fokhagymát, a medvehagymát, a paradicsomot, a kapribogyót, az oregánót és a koriandert robotgépben összedolgozzuk, és sima pürévé daráljuk. Dolgozzuk bele a paradicsompürét, az olívaolajat, a lime levét, és sózzuk, borsozzuk.

c) Tegye át egy tiszta, nem reakcióképes fedéllel ellátott edénybe. Hűtve 1 hétig eláll.

90. Horchata a sárgadinnye

ÖSSZETEVŐK:

- 2 evőkanál frissen facsart limelé (elhagyható)
- 1 érett sárgadinnye, körülbelül 2 kiló, körülbelül 1 font tiszta gyümölcsöt és magot eredményez, 2-1/2 csésze
- 2-1/2 csésze víz
- 2 evőkanál agave nektár vagy cukorhelyettesítő (opcionális)
- 1/2 teáskanál vanília kivonat

UTASÍTÁS:

a) Tegye turmixgépbe a lime levét, ha használ, 1 csésze vizet, a gyümölcsöt és a magokat pedig pürésítse. Adjuk hozzá a maradék vizet, az édesítőt, ha használunk, és a vaníliát, és jól keverjük össze.

b) Szűrje le a Horchatát egy kancsóba, és hűtse le, vagy tálalja jég felett.

91. Sangrita

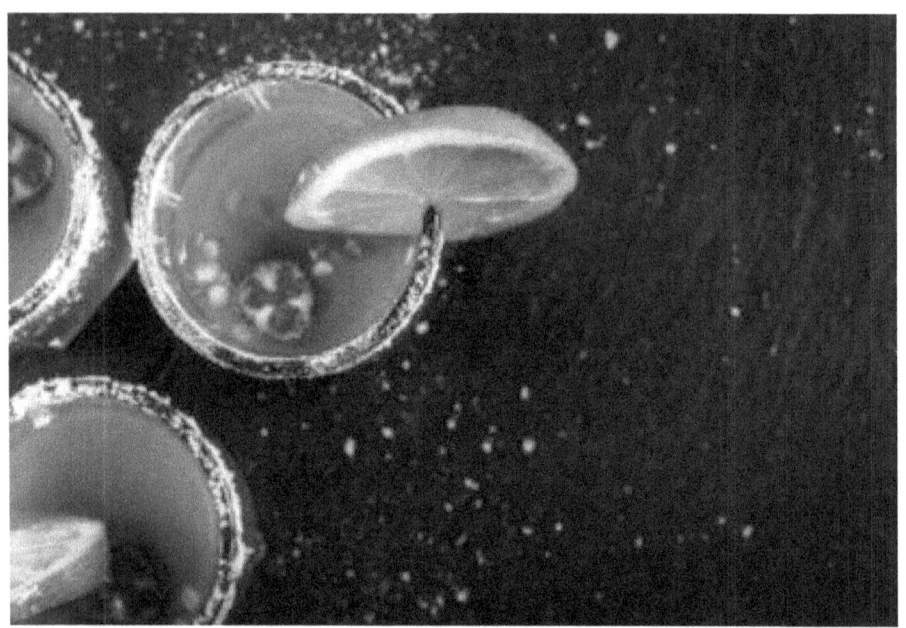

ÖSSZETEVŐK:

- 2 közepes méretű ancho chili, pirítva és rehidratálva
- 2-1/2 csésze friss narancslé
- 3-1/2 evőkanál grenadin
- 1 teáskanál só

UTASÍTÁS:

a) Az összes hozzávalót turmixgépbe tesszük és pürésítjük.
b) Tálalás előtt szűrjük le és hűtsük le a keveréket.

92.Kókuszos tojáslikőr

ÖSSZETEVŐK:

- 13/16-quart Könnyű, latin-amerikai stílusú rum
- 2 lime héja; (reszelve)
- 6 Tojássárgája
- 1 doboz Édes sűrített tej
- 2 doboz (nagy) elpárolgott tej
- 2 doboz Kókuszkrém; (mint Coco Lopez)
- 6 uncia Gin

UTASÍTÁS:

a) Keverje össze a rum felét a lime héjával turmixgépben, nagy sebességgel 2 percig.
b) Szűrjük le és tegyük egy nagy tálba. Adjuk hozzá a maradék rumot.
c) Turmixgépben keverje össze a tojássárgáját, mind a tejet, mind a gint, amíg jól el nem keveredik.
d) Öntsük a keverék ¾-ét egy tálba rummal. A többit összekeverjük a kókuszkrémmel és jól összedolgozzuk. a rumos keverékhez adjuk, jól összekeverjük és hűtőbe tesszük.

93. Latin-amerikai stílusú tojáslikőr

ÖSSZETEVŐK:

- 2 csésze Víz
- 8 fahéjrudacskák
- 6 nagy tojássárgája
- 3 (12 oz.) doboz párologtatott
- 1 csésze tej
- 2 Kókusztejes dobozok
- 3 (14 oz.) doboz édesítve
- 1 csésze sűrített tej
- 3 csésze fehér rum

UTASÍTÁS:

a) Egy 2 literes serpenyőben melegítsd fel a vizet és a fahéjat, hogy felforrjon magas lángon. Csökkentse a hőt közepesre, és főzze, amíg a folyadék egy csészére csökken. Távolítsa el a fahéjrudakat, és tegye félre a folyadékot, hogy szobahőmérsékletűre hűljön.

b) Egy 3 literes serpenyőben dróthabverővel felverjük a tojássárgákat és az elpárologtatott tejet, amíg jól el nem keveredik.

c) Alacsony lángon, állandó keverés mellett főzzük, amíg a keverék besűrűsödik és bevonja a kanállal – körülbelül 10 percig.

d) Félretesz, mellőz.

e) Amikor a fahéj ízű folyadék lehűlt, keverje hozzá a kókusztejet, amíg jól el nem keveredik.

f) Egy tálban keverje össze a kókuszos keveréket, a sárgája keveréket, az édesített sűrített tejet és a rumot. Jól lehűtjük és tálaljuk.

94. Fermentált kukorica sör

ÖSSZETEVŐK:

- 2 kiló jora kukorica (lila kukorica)
- 1 kiló ananász, apróra vágva
- 1 fahéjrúd
- 4 szegfűszeg
- 1 evőkanál szárított huacatay levél (elhagyható)
- 2 liter víz
- 1 csésze cukor (ízlés szerint)
- 2 lime leve

UTASÍTÁS:

a) Öblítse le a jora kukoricát hideg víz alatt, hogy eltávolítsa a szennyeződéseket és a törmeléket.
b) Helyezze a jora kukoricát egy nagy edénybe, és öntsön fel annyi vizet, hogy ellepje. Hagyja ázni egy éjszakán át vagy legalább 8 órán keresztül, hogy megpuhuljon.
c) A beáztatott jora kukoricát lecsepegtetjük, és az áztatóvizet kiöntjük.
d) Egy nagy edénybe adjuk hozzá a beáztatott jora kukoricát, az apróra vágott ananászt, a fahéjrudat, a szegfűszeget és a szárított huacatay leveleket (ha használunk).
e) Öntsön 2 liter vizet az edénybe, ügyelve arra, hogy az összes hozzávaló elmerüljön.
f) Forraljuk fel a keveréket közepes lángon.
g) Csökkentse a hőt alacsonyra, és hagyja főni körülbelül 2 órán át, időnként megkeverve. Ez idő alatt a kukorica felszabadítja természetes cukrait és ízeit.
h) 2 óra elteltével vegyük le az edényt a tűzről, és hagyjuk szobahőmérsékletűre hűlni.
i) Szűrjük át a folyadékot egy finom szitán vagy túróruhán, dobjuk ki a szilárd anyagokat (kukorica, ananász, fűszerek).
j) A leszűrt folyadékot visszaöntjük az edénybe, és ízlés szerint hozzáadunk cukrot. Addig keverjük, amíg a cukor fel nem oldódik.
k) Facsarjon bele 2 lime levét az edénybe, és keverje össze.
l) Tegye át a Chicha de Jora/erjesztett kukorica sört egy kancsóba vagy egyedi poharakba.
m) Hűtsük le a Chicha de Jora/erjesztett kukorica sört, amíg ki nem hűl, vagy tálaljuk jégen.
n) Tálalás előtt keverje meg a Chicha de Jora/erjesztett kukorica sört, mert idővel leülepedhet és szétválhat.
o) Igény szerint minden poharat díszíthet egy őrölt fahéjjal vagy egy ananászszelettel.

95.Lila kukorica ital

ÖSSZETEVŐK:

- 2 nagy lila kukoricacsutka
- 8 csésze víz
- 1 ananász meghámozva és kockákra vágva
- 2 alma, meghámozva, kimagozva és felkockázva
- 1 fahéjrúd
- 4 szegfűszeg
- 1 csésze cukor (ízlés szerint)
- 2 lime leve
- Jégkocka (a tálaláshoz)
- Friss mentalevél (díszítéshez)

UTASÍTÁS:

a) Egy nagy edényben keverjük össze a lila kukoricacsutkát és a vizet. Közepes lángon felforraljuk.

b) Csökkentse a hőt alacsonyra, és párolja körülbelül 30 percig, hogy kivonja az ízeket és a színt a kukoricából.

c) Vegye ki a lila kukoricacsöveket az edényből, és dobja ki. Tegye félre a lila folyadékot.

d) Egy külön edényben hozzáadjuk az ananászdarabokat, a kockára vágott almát, a fahéjrudakat és a szegfűszeget.

e) Öntse a lefoglalt lila folyadékot az edénybe a gyümölcsökkel és a fűszerekkel.

f) Forraljuk fel a keveréket, majd mérsékeljük a hőt, és lassú tűzön forraljuk körülbelül 20 percig, hogy a gyümölcsök és a fűszerek átitassa ízüket a folyadékba.

g) Vegyük le az edényt a tűzről, és szűrjük le a folyadékot, hogy eltávolítsuk a szilárd anyagokat. Dobja el a gyümölcsöket és a fűszereket.

h) Keverje hozzá a cukrot és a lime levét, ízlése szerint állítsa be az édességet és a savasságot.

i) Hagyja a Chicha Morada/Purple Corn Drink-et szobahőmérsékletre hűlni, majd legalább 2 órára hűtőbe tesszük, hogy lehűljön.

j) Tálaljuk a Chicha Morada/Purple Corn Drink-et jégkockák felett poharakban, és díszítsük friss mentalevéllel.

96. Maracuja Sour

ÖSSZETEVŐK:

- 2 uncia Pisco (latin-amerikai stílusú szőlőpálinka)
- 1 uncia maracuja püré
- 1 uncia friss limelé
- ¾ uncia egyszerű szirup
- Jég
- Friss maracuja magok díszítéshez (opcionális)

UTASÍTÁS:

a) Egy shakerben keverje össze a Pisco-t, a maracuja-pürét, a friss lime levét és az egyszerű szirupot.

b) Adjunk jeget a shakerhez, és rázzuk erőteljesen körülbelül 15 másodpercig.

c) Szűrje le a keveréket egy lehűtött régimódi pohárba vagy koktélpohárba.

d) Ízlés szerint friss maracuja magvakkal díszítjük.

e) Tálalja a Maracuyá Sour-t, és élvezze a trópusi ízeket.

97. Coca Tea délután

ÖSSZETEVŐK:

- 1-2 tasak coca teadélután vagy 1-2 teáskanál szárított kokalevél
- 1 csésze forró víz
- Méz vagy cukor (opcionális)

UTASÍTÁS:

a) Helyezze a kokateás tasakot vagy a szárított kokaleveleket egy csészébe.

b) Öntsön forró vizet a kokateadélután tasakra vagy leveleire.

c) Hagyja állni 5-10 percig, vagy amíg el nem éri a kívánt erősséget.

d) Ízlés szerint mézzel vagy cukorral édesítjük.

e) Élvezze a kokateát, egy hagyományos latin-amerikai stílusú gyógynövény-főzetet, amely enyhe, földes ízéről ismert.

98. Latin-amerikai stílusú rumos cappuccino

ÖSSZETEVŐK:
- 1½ uncia Sötét rum
- 1 teáskanál cukor
- Forró erős kávé
- Gőzölt tej
- Tejszínhab
- Őrölt fahéj

UTASÍTÁS:
a) Keverje össze a rumot és a cukrot egy bögrében.
b) Adjunk hozzá egyenlő arányban kávét és tejet.
c) A tetejét tejszínnel és fahéjjal megkenjük.

99. Pisco Puncs

ÖSSZETEVŐK:
- 2 uncia Pisco (latin-amerikai stílusú szőlőpálinka)
- 1 uncia ananászlé
- ½ uncia friss limelé
- ½ uncia egyszerű szirup
- Jég
- Díszítésnek friss ananászszelet vagy cseresznye

UTASÍTÁS:
a) Shakerben keverje össze a Pisco-t, az ananászlevet, a friss lime levét és az egyszerű szirupot.
b) Adjunk jeget a shakerhez, és rázzuk erőteljesen körülbelül 15 másodpercig.
c) Szűrje le a keveréket egy lehűtött régimódi pohárba vagy koktélpohárba.
d) Díszítsük friss ananászszelettel vagy cseresznyével.
e) Tálalja a Pisco Puncs-t, és élvezze a trópusi ízeket.

100. Camu gyümölcs koktél

ÖSSZETEVŐK:

- 2 csésze friss camu camu gyümölcs (vagy camu camu gyümölcslé, ha van)
- ½ csésze pisco (latin-amerikai stílusú szőlőpálinka)
- 2 evőkanál méz
- 1 csésze jég
- Friss camu camu bogyók a díszítéshez (opcionális)

UTASÍTÁS:

a) Egy turmixgépben keverje össze a friss camu camu gyümölcsöt, a piscot, a mézet és a jeget.
b) Keverjük simára.
c) Kóstolja meg és állítsa be az édességet úgy, hogy kívánság szerint több mézet ad hozzá.
d) Öntse a Coctel de Camu Camu-t poharakba.
e) Díszítsük friss camu camu bogyókkal, ha elérhető.
f) Tálalja a camu camu koktélt, és élvezze ennek az amazóniai gyümölcsnek az egyedi és csípős ízét.

KÖVETKEZTETÉS

Miközben a Latinísimo utolsó fejezete lapozgat, reméljük, hogy konyhája megtelt a latin-amerikai házias finomságok élénk és csábító aromáival. Ez a szakácskönyv több, mint egy útmutató; ez egy meghívás, hogy otthona kényelmében élvezze Latin-Amerika esszenciáját.

Miközben ízlelgeti az utolsó falatot ebből a 100 latin ételből, ne feledje, hogy nem csak recepteket készített újra; magáévá tette azokat a kulináris hagyományokat, amelyeket nemzedékeken át öröklöttek. A Latinísimo a latin-amerikai konyha gazdag kárpitjának ünnepe, és minden étel a kulturális sokszínűségről és a kulináris örökségről tanúskodik, amely meghatározza a világ e rendkívüli részét.

Maradjanak az ízek emlékezetében, és a latin-amerikai konyhák szelleme továbbra is inspirálja kulináris kalandjait. Amíg újra nem találkozunk a következő kulináris felfedezésben, a que disfruten de la buena cocinában. Jó főzést!

www.ingramcontent.com/pod-product-compliance
Lightning Source LLC
Chambersburg PA
CBHW071331110526
44591CB00010B/1099